# 建築家

安藤忠雄

新潮社

# 安藤忠雄

Tadao Ando

ARCHITECT

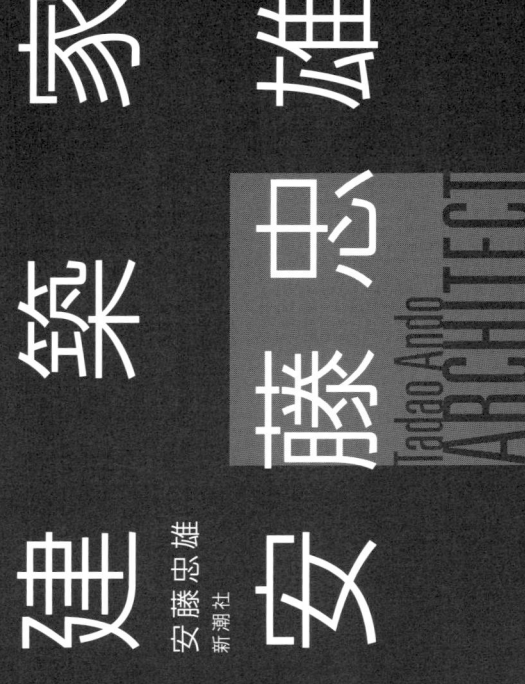

建築家　安藤忠雄　　目次

CONTENTS

撮影＝荒木経惟

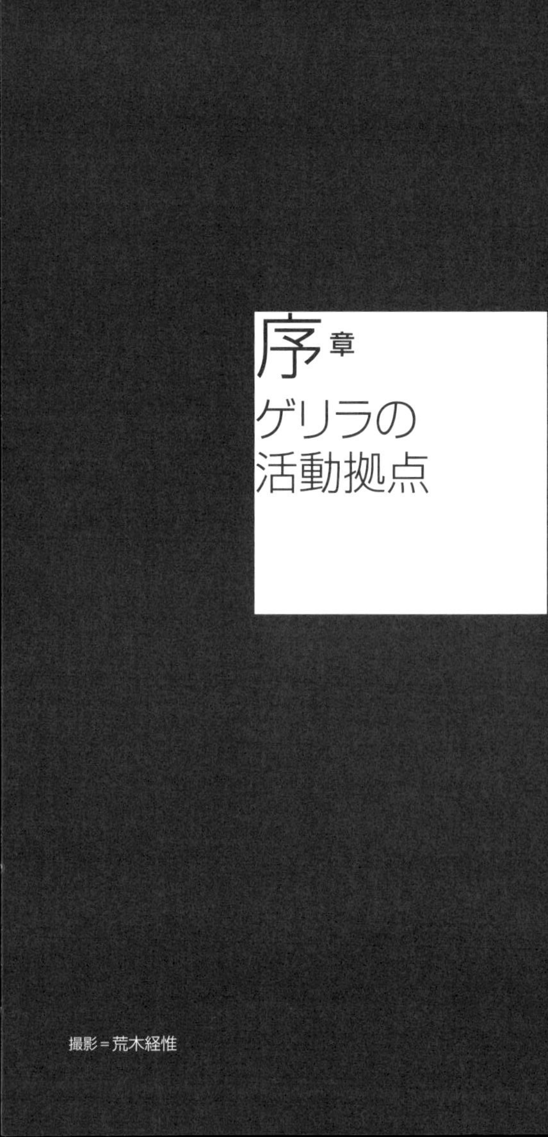

# 序章 ゲリラの活動拠点

撮影＝荒木経惟

AR ODAY
MUSEUM BUILDERS
CLEARCUT
ANDO
Complete Works
TASCHEN

## 安藤忠雄の活動拠点

私の活動拠点は、大阪・梅田の近くにある、敷地面積30坪の小さなアトリエだ。もとは、私の最初の仕事である小規模住宅〈富島邸〉（1973年）だった。それを、のちに施主が諸事情で手放すことになった際、譲り受け、1980年に自分のアトリエにしたのである。以後、増改築を繰り返し、1991年の四度目の改造で完全に取り壊して全体をつくりかえ、現在の地上5階地下2階の姿に落ち着いた。

内部は1階から5階まで吹き抜けになっている。ボスである私の席は、吹き抜けの一番底、スタッフの出入りする1階の玄関に面したスペースにある。つまり縦に重なる空間を吹き抜けでつなぎ、その一番下に中枢機能を持ってきたのだが、そうすることで、コンパクトさと同時に、私を核として総勢25名のスタッフが緊張感を持って真剣勝負の場に臨んでいるという強い一体感を出したかったのである。

この席からなら大声で叫べば建物内のどこにでも声が届くし、階段をちょっと上れば、デスクで働いている各スタッフの様子も一通り見て回れる。そして、何といっても玄関ホールに座っているようなものだから、スタッフは建物を出入りする際、必ず私の前を通らねばならない。外部との連絡も、海外とのやり取り以外はEメール禁止、

大阪、梅田に建つアトリエ（大淀のアトリエⅡ）にて。
撮影＝藤塚光政（写真提供＝カーサ ブルータス／マガジンハウス）

ファックスも禁止、個人用電話禁止とした上で、唯一残された手段である共用の電話5台を私の目の届く範囲においているから、誰とどんな話をしているのか、トラブルがおきていないかどうかすぐ分かる。

管理する側にとっては、このように全てがオープンで、いつでも全体を把握していられるのは便利なのだが、裏を返せばボスもまたスタッフ皆に絶えず見張られているわけで、しんどい空間だなと思うこともある。

しかし、そうした壁のない状態にしているからこそ、私とスタッフは常に近い関係を保っていられるし、彼らも互いの状況を確かめあいながら一つの仕事を進めていける。

こうした事務所の体制と運営を維持するには、今ぐらいの規模の建物で、今ぐらいの人数が限界だろう。

最初に述べたように、時折改造を加えながら自分の思う通りにつくってきた建物だ。一応満足はしている。しかし、唯一の難点は私の居場所が玄関脇のみならず勝手口にも面しているので、とにかく夏暑く、冬寒いこと。おまけに一番騒がしい。

「寒い」「暑い」「うるさい」……と、年中わいてくる〝怒り〟のエネルギーを、つねに仕事にぶつけているような具合だから、それに付き合うスタッフも大変だろう。

大淀のアトリエの変遷。
下左は、安藤の処女作、冨島邸。
後に、安藤に買い取られ、
大淀のアトリエⅠとなる。
三度の増改築を重ね、
1991年に全面的に建て替え、
現在の形(アトリエⅡ、上)になった。

1991

1973

1981

1982

1986

ある建築雑誌の
インタビュー記事が、
こんな見出しで掲載された。
「安藤忠雄――恐怖感で教育する」
私自身は、
字面にインパクトがあって
気に入ったのだが……。

## 「ゲリラ集団」安藤忠雄建築研究所

20年ほど前、ある建築雑誌からスタッフの教育方針についてのインタビューを受けた。聞き手が先輩建築家だったので話しやすくもあり、ありのままを答えると、翌月、そのインタビュー記事が、こんな見出しで掲載された。

「安藤忠雄――恐怖感で教育する」

私自身は、字面にインパクトがあって気に入ったのだが、これ以降、事務所に入りたいと訪ねてくる学生の数が激減した。

ところで、彫刻家や画家といったアーティストと、建築家との違いは何だと思われるだろうか。私は大きな違いの一つとして、我々建築家は活動のための組織を持たねばならない、という点だと思っている。たった一人で始めた駆け出しの時代からある程度のところまでは、組織なしでもやっていける。しかし、10年ぐらい経って、仕事の規模が大きくなり、手がける数も増えてくると、能力的にも社会的にも、ある程度の組織力がないと立ちゆかなくなってしまう。〝社会的な組織を持った個人〟となって初めて認知され、信用を得るようになるところがあるのだ。

組織になると、当然、社会的、経済的なしがらみが出てくる。その中で、いかにそ

1969年。梅田に開設した最初の事務所にて。スタッフは2人。
いつも誰かが手伝いに来ていた。

の組織をいい状態で維持していくかは、個人の芸術的才能とは全く別次元の問題だ。組織というものは、放っておくと肥大化するもので、気がつけば、その存在を持て余し、自分のためにつくった組織に自分自身が振り回されるということになりかねない。個人が、組織に飲み込まれるようになってしまえば、その建築家は終わりだ。これは重要な問題なのだが、何故か、建築の世界では、あまり話題にされることがない。

私が事務所を持ったのは1969年、28歳のときだ。大阪の阪急梅田駅のすぐ近く、昔ながらの長屋が建ち並ぶ一角にあったビルの一室を借り、今日まで生活と仕事のパートナーである加藤由美子と二人きりの出発だった。

最初は仕事は全くといっていいほどなかった。依頼にくる人もなく、国内外のコンペに参加するのが唯一の仕事という状態が続き、毎日事務所の床に寝転んで、天井を見上げながら本を読んだり、架空のプロジェクトを考えたりして過ごしていた。数年が経過してどん底の状態を脱すると、徐々に仕事も増えていったが、依然としてスタッフは2〜3名。ごくごく小規模のままだった。

自分なりの組織のあり方が見えてきたのは、ちょうど10年目くらい。スタッフが10人ほどになった頃だ。それは「ゲリラ集団」としての設計事務所という姿勢である。

われわれは、一人の指揮官と、その命に従う兵隊からなる「軍隊」ではない。共通の理想をかかげ、信念と責務を持った個人が、我が身を賭して生きる「ゲリラ」の集まりである――小国の自立と人間の自由と平等という理想の実現のために、あくまで個を拠点にしながら、既成の社会と闘う人生を選んだチェ・ゲバラに強い影響を受けていた。

私は〈冨島邸〉など最初につくった都市小住宅を、過密にあえぐ厳しい都市環境の中に、個人が強かに棲みついていくという意味で「都市ゲリラ住居」と名づけた。それは、自らが設計する建築のみならず、つくり手である自分たち自身もまた、ゲリラでありたいと思ったからだ。

とはいえ、日本の平和な社会環境で育った若いスタッフたちに、急にゲリラになれ、と言うのも無理な話だろう。理想の実現のために、現実社会の組織のなかで具体的なシステムに落とし込んでいくにはどうしたらいいのか。

## ボスとスタッフ、1対1のシンプルな関係

まず考えたのは、すべての仕事について、全責任を負う担当者を決め、その全過程を、私と担当者との1対1のチームで進めていくというやり方。仕事が5件あれば5人、10件なら10人の担当者がいるという状態だ。そうすればすべての現場に、ボスが直結しているから、中間管理職など一切必要がなくなる。

事務所が私の個人事務所である以上、最も重要なのは、私とスタッフとの間の認識にズレがないこと。そのためにはどうやって情報を正確に伝達し共有するかといった、コミュニケーションの問題が鍵だと思っていたから、とにかくすべてを単純明快にしたかったのだ。曖昧な状態が我慢ならない。これは私生来の性質かもしれないが。

無論、いくら1対1にしても最高責任者である私と担当スタッフとでは、仕事に対する意識の差がある。緊張感がなければ良い仕事は出来ないし、いずれは独立して、自分の事務所を開くスタッフのキャリアを考える上でも、ここでの時間をどれだけ真

剣に、臨場感を持って過ごせるかによって、得られる経験に大きな差が出てくる。だから、スタッフに対しては、徹底的に、厳しい姿勢で臨んできた。それが「恐怖感で教育する」の真意でもある。

私は一人でかなりの数の仕事に関わることになる。それぞれについて、思いついた時に担当者と、進行状況を確かめ、必要なら修正を加える。そこで、不注意なミスや、考え抜くという姿勢を放棄したような怠慢さが見受けられたり、現場との関係やクライアントとの関係づくりにずさんなところがあったりでもしたら、容赦なく怒鳴りつけてきた。事務所を開設して数年間は、

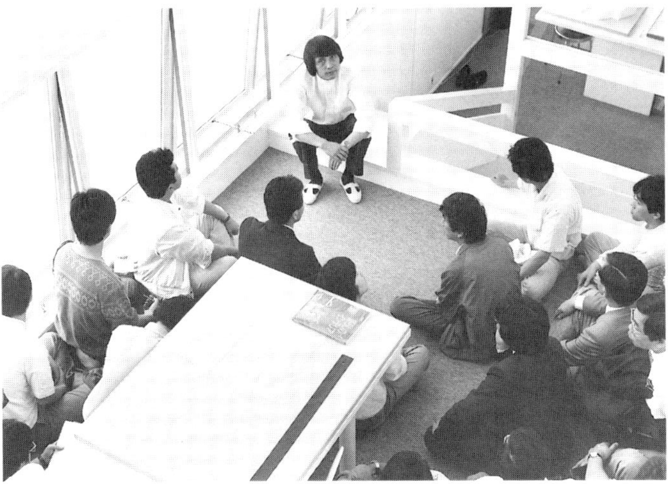

1982年。二度目の増築を終えたアトリエＩにて。
スタッフへのレクチャー。

私とスタッフとの年齢差も10歳そこそこだったし、血気盛んな若い時分で、すぐに手も足も出た。ただ、デザインのセンスが悪いといって、責めたことはない。

大切なのは、「その建物を使う人間への、気遣いが出来ているか、定められた約束を守り遂行できているか」ということ。

問うのは、担当者一人ひとりの「自分がこの仕事をやり遂げるのだ」という自覚である。

開設当時から、設計事務所に来る若者のほとんどは、恵まれた生活環境の中で大学教育を受けた、社会的に言えば、知識層に属する人間だった。彼らにとって、私のように激しく、攻撃的な性格の人間との出会いは、それ自体がショックであり、その未知の人種から容赦なく怒声が飛んでくる状況は、恐怖以外の何ものでもなかっただろう。

いつでもどこでも、私と対峙し攻撃を受け止められるよう臨戦態勢を整えておく。その緊張感の中で、スタッフは仕事を覚えていった。勘が良い青年なら、2年も経てば、充分仕事を任せられるようになっていく。そうして、経験が浅い若者に、次々と仕事の機会を与えていき、失敗したら〝俺が責任を取る〟という覚悟でこちらが臨めば若者はどんどん成長するのだ。

設計事務所という小さな組織の中で、あたかも大企業の一員といった感覚、「誰か

われわれは、
一人の指揮官と、
その命に従う兵隊からなる
「軍隊」ではない。
共通の理想をかかげ、
信念と責務を持った個人が、
我が身を賭して生きる
「ゲリラ」の集まりである。

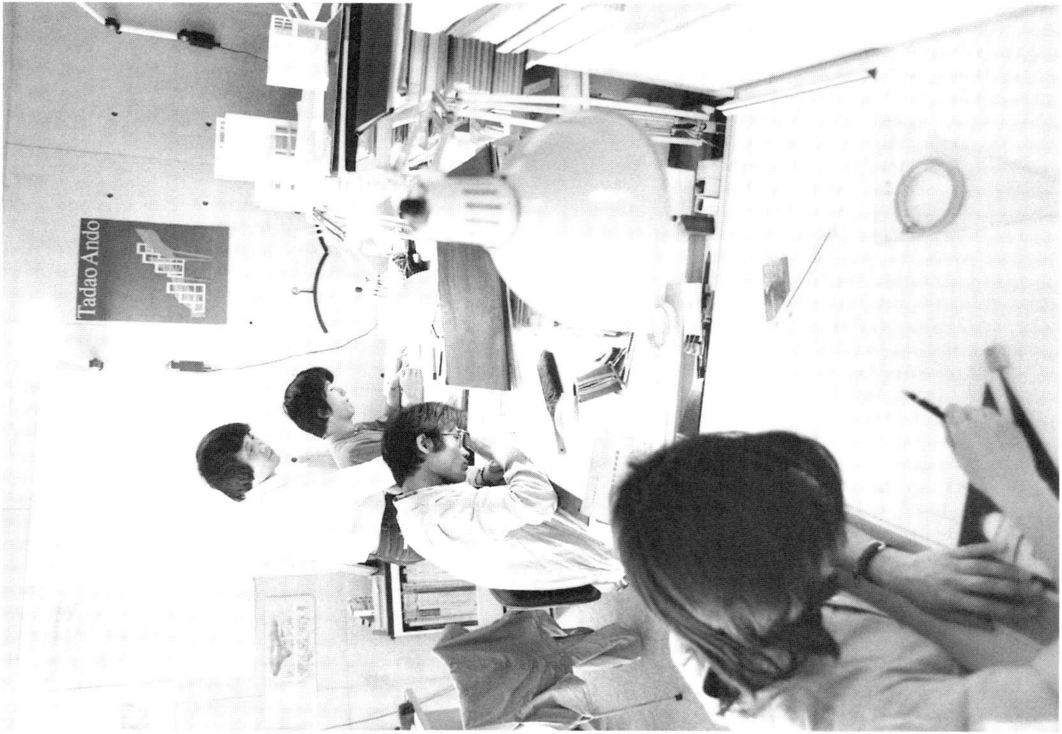
Tadao Ando

がするだろう」「上司が責任をとるだろう」などと他人ともたれあったり、責任の所在があいまいだったりと、悪い意味でのサラリーマンのようにはなってほしくない。自分で状況を判断し、道筋を定め、試行錯誤しながら前に進んでいく、一人ひとりが責任を果たす覚悟をもてる、そんな力強い個の集まりでありたい。そう願いつつ、1960年代末から今日にいたるまで40年余りの間、事務所を続けてきた。他人の資金で、その人にとって一生に一回きりかもしれない建物をつくるのだから、それなりの覚悟と責任が必要なのである。

## 新人研修「サマースクール」

スタッフの数は、徐々に増えてきたが、20年目ぐらいに25名くらいで落ち着いて、今に至っている。これ以上増えると、十分なコミュニケーションがとれない。私の責任を全うできるギリギリの人数である。

平均年齢は、30歳くらい。ずっと一緒にやってきたベテランスタッフ数名以外は、大体5年から10年くらいのサイクルで入れ替わっている。新卒で入った者が5、6件のプロジェクトに関わり、一通り設計事務所の仕事の流れを覚えたところでやめて、新しいスタッフが入ってくるというのがパターンである。

1982年。アトリエⅠにて。

事務所に入りたいと訪ねてくる学生には、まず互いのことを知る準備期間としてアルバイトに来てもらう。模型の作製や、展覧会などがあれば、その準備作業が彼らの仕事となる。

その際、継続的に通ってくれる学生には、なるべく一つの仕事について、機会のある限り、建築が芽生えてから完成までの全過程に参加してもらうようにしている。

スタッフには、事務所に来る学生に接する上で、注意すべき点を二つ厳しく言っている。一つは彼らの名前をきちんと「さん」付けで呼んで、目下のものというような横柄な態度をとらないこと。もう一つは、彼らが勉強のために事務所に来ているのだということを肝に銘じて仕事を頼むこと。

学生たちには、未来の可能性を伸ばし広げるために、自分のためだけに勉強出来る権利がある。彼らが何かを学びたいと意思を示した時、先に社会に出ている私たちには、その意欲に応え、機会と場所を提供する義務がある。未来を担っていく学生を、社会の財産として守り育てていかないといけない、そう思うのである。

他県からの入所希望の学生には、学校が長い休みのときには、住み込みでアルバイトに来てもらう。アルバイト中に彼らの住む場所は、事務所近くの長屋を改造したあずまやである。冷暖房もないので、冗談で、私たちは「TACO（タコ部屋の意）」と呼んだりしている。

アトリエII。5層吹き抜けの空間となっている。

また、京都や奈良に近い大阪に、わざわざ建築を学びに来るわけだから、アルバイトとは別に「サマースクール」という企画もしている。古都の名建築も実際に勉強してもらおうと、これは、と思う研究対象となるものを何か一つ自分で選んで、大阪滞在中、週末の土日を必ずそこで過ごしてもらうのである。そして、アルバイトが終わるときに、その成果をレポートにまとめてもらう。

茶室から社寺建築、書院建築、庭園に至るまで何に通うかは自由。中には玄人好みの難しい建物を対象に選ぶ学生もいるが、どんなところでも1日ぼんやりその空間に身を浸して、スケッチを2、3枚も描くのを繰り返せば、何かつかめるものだ。

最後にスタッフ全員の前でレポートを発表してもらうのだが、どれもなかなか立派な内容である。現業に追われるスタッフにとっても、フレッシュな学生の考えに触れられるのは、良い刺激になっているようだ。

こうしてアルバイトとサマースクールを終え、おおよそ事務所の日常をつかんでもらって、その上でまだ入りたい意欲を示すのであれば、卒業後に一緒にやろうか、ということになる。

ポートフォリオをもってこいとか、個別に面接するといった改まった手続きは一切なし。履歴書を見て入所を決めたスタッフは一人もいない。学生は、事務所の空気に直にふれ、ある程度の厳しさも知った上で、やっていけるか否か自分で判断するだろううし、私たちも彼らの日常の生活ぶりを見れば、事務所のスタイルに合うかどうか、自然と分かってくる。

考えてみれば、研修期間にサマースクールと、一人のスタッフがチームに加わる準備にも、随分エネルギーが費やされている。

## ゲリラの海外進出

「ゲリラ集団」という姿勢は、事務所開設当時と現在で何ら変わっていない。しかし、仕事の規模や内容は、比べようもないほど、大きく複雑になっていった。とりわけ、海外での仕事は、大阪を拠点にする私達にとっては、大変な負担である。

そのすべてを、所員25人で抱えるのは当然不可能で、例えば外国でのプロジェクトであれば、現地の設計事務所に協力を仰ぎ、国際的なチームを編成していくなど、プロジェクトごとに、異なる戦略を立てて進めていく。

グローバル化が進み、情報技術も発達した現在だからこそ、私たちのような小さなアトリエでも、ネットワークによって、大きな規模の仕事や海外でのプロジェクトをこなせるようになった。

しかし、一方で、文化圏も異なり価値観のズレもある海外のあちこちで身の丈を超

2004年。アトリエⅡにて。25名のスタッフと。
撮影＝荒木経惟

える程の仕事を抱え、刻一刻と変化する状況に対処し、前へ進めていくには、相当なエネルギーが要る。

何より大切なのは、職業人としての自覚と個人の能力である。的確な状況判断と迅速な行動力、そして不測の事態にも冷静に対処しうる柔軟な頭がなかったら、瞬く間に、チームの結束力は薄れ、信頼関係も失われ、仕事が潰れてしまうことになる。はからずも、本当の意味で、仕事に関わる人間一人ひとりが、自立した「ゲリラ」でないと、成り立たないような状況になっているのである。

特に、若いスタッフたちには、積極的に海外のプロジェクトに参加して、国際感覚を現実の仕事の中で身につけてほしいと考えている。そしてプロジェクトの現状を絶えずつかんでいるようにしろ、としつこく言っている。

国も文化も違い、思考回路の異なる人間と、つねに変化する状況のなかで渡り合う経験こそが、彼らが自分ひとりでやっていく前に、私の事務所に身をおくことの、最大の意義だと思うからだ。

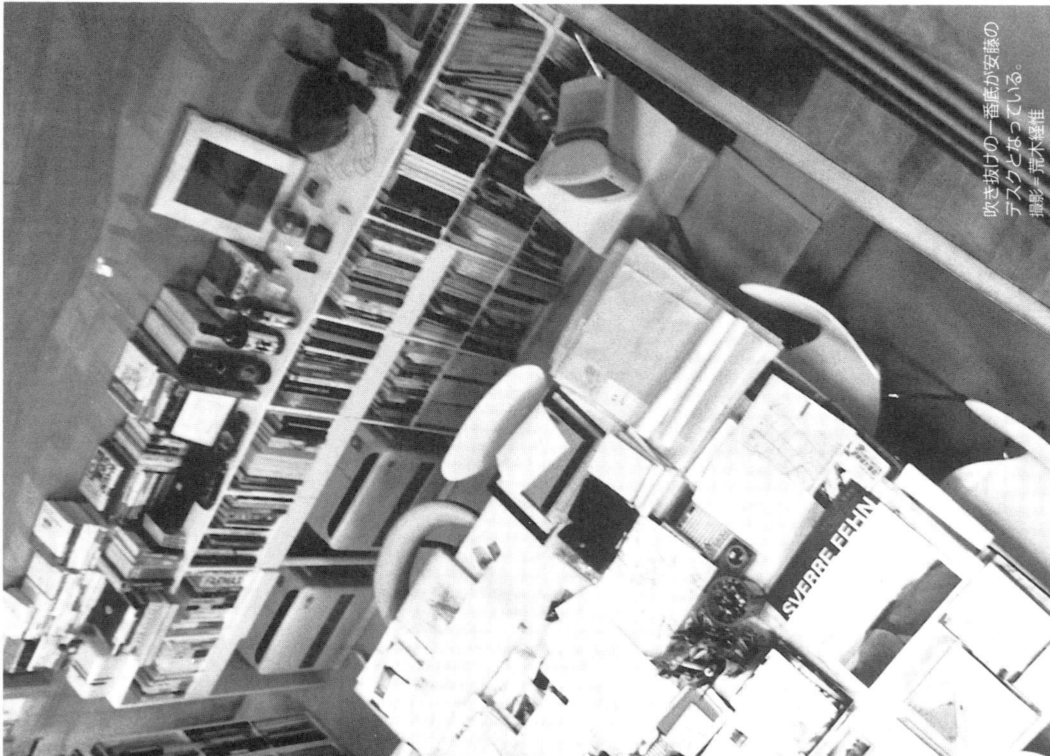


吹き抜けの一番底が安藤のデスクとなっている。
撮影＝荒木経惟

# 第1章
# 建築家を志すまで

撮影＝荒木経惟

## 祖母の教え

私は昭和16（1941）年、兵庫県鳴尾浜に住む貿易商の家に生まれた。一卵性双生児であったが、生まれてすぐに兄であった私だけが母方の祖父母の家に引き取られた。一人娘であった母が嫁ぐ際に、最初の子供に実家を継がせる約束をしていたからだ。

祖父母は、築港で軍相手の商売をやっていて、羽振りも良かったらしい。ところが度重なる空襲で焼け出され、敗戦後は、一切合財を失っていた。終戦の年に4歳だった私には、この頃の記憶はない。思い出せるのは、兵庫の奥の疎開先から大阪市旭区に移ってからのこと。住まいは間口2間、奥行き8間という細長い木造中2階建て。典型的な下町の長屋だった。冬は風が走るのが見えるくらいに寒く、逆に夏になると、暑くて風が通らない。夏も冬も腹立たしいこの家で私は育った。

私が小学校に入学するとすぐに祖父が他界し、祖母と二人きりの生活になった。祖母は上方の合理的精神と自立心にあふれる明治の女だった。ささやかながら商売を続けていた祖母は、いつも忙しくしていた。実際、子供に構っている余裕などなかったのだろう。覚えている限り、「勉強しろ」「成績はどうだ」などと小言を言われたこと

大阪下町の生家。
安藤の手で改造が加えられている。

はない。逆に家で宿題などしようものなら「勉強は学校でしろ」と言って怒られたほどだ。それで小中学校の9年間は文字通り、勉強そっちのけで遊び呆けていた。当然、成績はいつも下から数えた方が早かった。

当時はどこの家も子だくさんだったから、ちょっと声をかけるとたちまち10人、15人の遊び仲間が集まった。皆で夢中になっていたのは、野球だ。試合の前夜には、磨き込んだグローブとバットをまくら元に置き、てるてる坊主を吊るす。試合開始は朝8時なのに5時にはもう目が覚め、空を気にしてそっと表に出ては胸をなでおろしたものだ。

野球をしない日は、皆を指揮してチ

2歳のとき。双子の弟、北山孝雄と。

ヤンバラやメンコや魚釣りに興じることになる。だが、これだけ多くの子供がいると、すぐに意見が食い違う。大声を上げてああでもない、こうでもないと主張しあい喧嘩になることもあった。私は学校の勉強はからきしだが、喧嘩は強かった。道端で大声がしていると、たいてい私が喧嘩をしていて「安藤さんの子やー」「またやっとるでー」と騒ぎになり、仕方なく祖母はバケツに水をくんで走った。もちろん私にぶっかけて、喧嘩をやめさせるためだ。気が短く喧嘩っ早いので、近所では「安藤の喧嘩大将」と呼ばれていた。

学校教育には全く無頓着な祖母であったが、日常の、いわゆる〝しつけ〟については、極端に厳しかった。

「約束を守れ、時間を守れ、うそをつくな、言い訳をするな」

大阪商人らしく、自由な気風を好んだ祖母は、子供に対しても、自分で考え、決めて、自分の責任で行動する、独立心を求めた。その姿勢は徹底していて、丈夫だけが取り柄だった私が扁桃腺か何かで手術を受けることになった時も、子供の不安そうな様子などお構いなしに、「一人で歩いていっておいで」と、あっさり突き放した。今思えばくだらない話だが、当時は子供心に「自分一人でこの危機を乗り越えるのだ」と悲壮な決意で病院への道を歩いたものだった。

祖母との生活は、祖母が76歳で亡くなるまで続いた。一般的とはいえない家庭環境だったかもしれないが、それを不満に思ったことは一度もない。彼女の教えてくれた〝生き方〟が、今も私の社会感覚の基盤を成している。

## 遊び場は木工所

下町育ちの私にとって、本当の意味での学校は生活する町にあったといえる。当時の大阪の下町では、人々は貧しくとも助け合いながら懸命に生きていた。生命力に満ち溢れていた。家のすぐ近くには鉄工所や、ガラス屋、碁石屋などが点在し、近隣のほとんどがモノをつくる仕事に携わっていた。近所の人々は皆顔見知りで、子供たちはどこの家でも好き勝手に出入りすることができた。中でも実家の向かいにあった木工所は私のお気に入りだった。学校から帰るとすぐに、カバンを放り出してそこへ出かけ、毎日のように入り浸った。そして見よう見まねで図面を描き、木を削りだして形にしていく。簡単な木工細工の橋だったり船だったり、そんなモノを実際に次々とつくっていった。木の匂いに包まれてモノをつくっていくのがたまらなく好きだった。

中学1年の時、自宅の2階を増築した。このときも大工さんの側を離れず、簡単な仕事をもらっては嬉々として手伝った。工事がはじまると、どんどん風景が変わっていく。屋根に穴が開くと、じめじめとした暗い長屋に白い光が射し込んできた。見上

13歳。中学1年生のとき。下段右から3番目が安藤。

げるとそこには青空がぽっかり。昨日までの我が家とはまるで別世界。子供心に、深い感動を覚えたものだ。

木工所だけでなく、例えば鋳造所では、自分のつくった木型を抜いて金属を流し込み、ガラス工場でガラス風船を吹いたりもした。そんなモノづくりの過程にどっぷり浸かった少年時代の体験から教わったものは大きい。それぞれの素材に対する感性とモノをつくる作法、あるいは型にとらわれずにモノをその成り立ちから考えられる自由な感覚――。

木工所の親方は「木にも性格があり、いい方向に伸ばしてやらなければならない」と言いながら、十年一日のごとく木を削っていた。モノづくりは根気

モノづくりは
根気のいる仕事であるが、
モノに生命を与える
という尊い仕事であり、
モノに触れて生きている
という充実感がある。

のいる仕事であるが、モノに生命を与えるという尊い仕事であり、モノに触れて生きているという充実感がある。建築家はモノから離れることで自由に発想することができるが、モノとの触れ合いは失われてしまう。いま振り返ってみると、職人になるのと建築家になるのと、どちらが自分にとって幸せだったかは分からない。

## プロボクサーから建築の道へ

工業高校に進学して2年生になったとき、17歳でプロボクサーのライセンスを取得した。先に始めたのは双子の弟で、何か新しいことをやるのはいつも弟が先だった。二人は別のジムに所属した。面白半分で始めたボクシングだったが、1ヶ月足らずの練習でプロテストに合格できたということは、まあ向いてはいたのだろう。

プロとして4回戦のリングに立って、初めての試合を無我夢中で闘い終えて戻ると、ファイトマネーとして4000円を手渡された。当時の大卒の初任給といえば1万円程度だから、結構な額だ。ともかく、自分の身体で、仕事をして報酬を得たことが無性に嬉しかった。

ボクシングというスポーツは、他人に依存することのない格闘技だ。試合までの何ヶ月かをその一戦にかけて、ひたすら練習し、ときに絶食して、肉体と精神を鍛え上

17歳のとき。プロボクサーとしてデビュー。

げる。そうして、生命をかけて孤独と栄光を一身に引き受けていく。

4回戦のデビューから数試合をこなしたところで、私の在籍していたジムに「タイのバンコクへ行かないか」という招待試合の話が来た。しかし誰も手をあげない。遠い船旅で、世界一波が荒いともいわれる東シナ海を渡らなければならないからだ。私は「外国へ行けるならいいじゃないか」と名乗りをあげた。ところが招待とはいっても、セコンドもマネージャーもいない、一人旅である。当時はまだ現地での対日感情も悪かった。試合でも、セコンドをつけるにはお金が必要だと言われ、あきらめた。ラウンドが終わり、コーナーへ帰ってくると、自分でイスを出し、水を取り出して飲んだ。そんな孤独に耐えてリングに向かい、真剣勝負を一人で戦った経験は、いろいろな意味で、自信につながったように思う。

私のボクシングの戦績はまずまずだった。順調に6回戦まで進んだ頃、所属するジムに、当時の日本ボクシング界のスター、ファイティング原田が練習に訪れるという事件があった。同世代の花形選手を間近に出来る幸運に、最初は私も単純に喜んでいた。だが、ジムの仲間と一緒に彼のスパーリングを見ているうちに、何か一気に気持ちがさめていくのを感じた。スピード、パワー、心肺機能の強さ、回復力、どれをとっても次元が違う。自分がどんなに努力しようとも、そこまでいくことは絶対にかなわないだろうという厳しい現実を見せつけられたのだ。「ボクシングで生きていけるかもしれない」という私の淡い期待は完全に打ち砕かれ、即座にボクシングはやめた。ボクシングを始めて2年目、ちょうど高校生活を終えようとしていたときだった。

短期間ではあったが、若いなりに相当熱をいれてやっていた分、その希望が失われた喪失感は大きかった。しかし、18歳で高校を卒業する身としては、進路は決めねばならない。そこで、自分は何がしたいのか、何が出来るのかと、心の内側を覗き込んだときに、幼い頃から続いていたモノづくりへの興味を見つけた。

むろん、この時点で建築家という職業を明確に意識していたわけではない。だが、高校の頃から、京都、奈良周辺の書院や数寄屋、茶室などの日本の伝統的古建築が好きで、よく見て歩いていた。また高校2年の春、初めて上京した折の東京見物でも、一番記憶に残ったのは、解体前のフランク・ロイド・ライトの帝国ホテルだった。漠然とではあるが、モノづくりの向こうに建築をイメージしていたのかもしれない。

身近にいた同級生の多くが鉄工所や自動車工場への就職を決めるのを尻目に、私は就職することよりも、自由でいることを選んだ。ほんの短期間、会社勤めも試みたのだが、生来の自由で激しい気性で、続くはずもなく、すぐに辞めてしまったのだ。しかしその自由への選択には、もちろん重い責任が伴っている。私を女手ひとつで育ててくれた祖母に、もう世話をかけない。ともかく経済的に自立すること、それだけを

決めて社会に出た。
　就職もしない私を心配してくれたのだろう、知り合いの一人が、仕事を見つけてきてくれた。15坪ほどの、バーのインテリア設計の仕事だ。図面を描くのは工業高校の実習で慣れていたが、実際の仕事としては当然、全く初めての経験である。建築やインテリアの本と首っ引きで必死に図面を描いた。現場ではひたすら大工さんに頭を下げ、施主をなだめすかして、何とか自分の描いた設計図で完成まで漕ぎ着けた。今思えば冷や汗ものである。
　しかし仕事を終えて、初めての設計料を得て、自分が新しい道の第一歩を踏み出したことを実感した。

フランク・ロイド・ライト設計の帝国ホテル。
1967年に解体された。
撮影＝新建築写真部

# 第2章
# 旅／独学で学ぶ

撮影＝荒木経惟

## 独学で建築を学ぶ

「１９４１年大阪生まれ。独学で建築を学び１９６９年、安藤忠雄建築研究所設立……」

私の経歴書はこの一文で始まる。多くの人は、「独学で建築を学び」のくだりが気になるらしく、雑誌のインタビューでも何度となくこの点を聞かれてきた。

「本当に独学なのか？」

「独学とは、一体何をどうして建築を学んだのか？」

その問いに対して、私はこう答える。

「大学へも行かず、直接、師と仰ぐ人もいなかったから独学と書いている」

「何をどのように学ぶべきか、今も学んでいる最中だ」

たいていの人がユーモアとして受け取るようだが、これが本当に、正直なところなのだ。

高校卒業後、自分の手の及ぶ範囲からアルバイトのような形で仕事を始め、家具からインテリア、建築と次第に世界が広がっていったときに、大学の建築学科で学ぶという当たり前の選択肢を考えないわけではなかった。しかし、家庭の経済状況に余裕はなかったし、子供の頃からの勉強嫌いで学力も及ばず、大学進学は諦めざるを得なかった。ならば、働きながら、知りたいことは自分で学び取っていくしかない――独学は、やむを得ない状況での選択だった。

独学というとさぞかし自由に、のびのびとやってきたのだろうという人もいるが、冗談ではない。真剣に学び、心に疑問が湧いても、同じ立場で語り合える同級生はおらず、導いてくれる先輩も先生もいない。どれだけ頑張っても、自分がどれほどの成長をしたのか、一体どれほどのレベルにいるのか、測るすべもない。

最も苦しかったのは、何をどのように学ぶか、というところから独りで考えねばならないところだった。まずは通えなかった大学にもぐりこみ、建築学科の授業を無断聴講してみたものの、1～2時間の講義では、とても自分の知りたい答えは見つけられない。そこで、建築系の大学で用いられる教科書を買い集め、これを1年で読破する計画を立てた。アルバイト先でも、昼休みはパンをかじりながら読書に集中、夜も寝る間を惜しんで頁をめくり、半ば無理やりではあったが目標を達成した。正直いって、半分は理解できなかったし、なぜそれが必要なのかすら分からないことも多かったが、大学での建築教育がいかなる体系かはおぼろげながら掴めた。無駄ではなかったと思う。

古本屋で買ったル・コルビュジエ作品集。

ともかく「これは」と思うことには、何でも挑戦してみた。建築、インテリアの通信教育に夜間のデッサン教室。アルバイトも、生来の短気な性格が災いして、どこも修行というほどには長続きしなかったが、設計事務所にこだわらず、建築周辺の雑多な仕事を手当たり次第に経験していった。

ル・コルビュジエの作品集に出会ったのは、そんな手探りの独学の日々を続けていた、20歳の時である。

大阪、道頓堀にあった古本屋「天牛」で、現代建築の本に度々登場するル・コルビュジエの名を冠した本を見つけた。何気なく手に取ったのだが、頁をパラパラとめくり、すぐに「これだ！」と直感した。

写真とスケッチ、ドローイング、仏語の文章が本の判型と同じプロポーションで美しく並べられている様子……。

しかし、古本とはいえ当時の私には高額であり、すぐに買うことが出来ない。その日はせめて目立たない場所にと、そっと隠して帰った。以降、近くを通るたび、まだ売れてないかと心配で見に行っては、積み上げられた本の下へと押し込めるという作業を繰り返した。結局、手に入れるまでに1ヶ月近くかかってしまった。

やっとの思いで手に入れると、眺めているだけでは飽き足らず、図面やドローイングのトレース（書き写し）を始めた。ほぼ全ての画を覚えてしまうくらい、何度も何度もコルビュジエの建築の線をなぞった。

作品解説の仏語、英語は読めなかったが、コルビュジエがどんな人物なのか興味も湧いて、彼の著作『建築を目指して』の和訳なども入手し、読みつないでいった。そして、近代建築の巨匠ル・コルビュジエが、実は独学の建築家であり、文字通り、体制と闘って、道を切り拓いてきたことを知った。私にとって、ル・コルビュジエは単なる憧れを超えた存在となった。

## 日本一周旅行、TeamURへの参加

気がつけば、食事代を切り詰めてでも洋書、海外雑誌などを買い漁るようになっていた。文字は読めなくても、頁をめくっていれば、新しい時代の風は感じることが出来る。徐々に建築の世界の広がりを感じてくると、自然と、その空間を直に体験したいと思うようになっていた。

まずは22歳（1963年）、大学に行っていれば卒業かという時期に、自分なりの卒業旅行として、日本一周の旅に出た。大阪から四国に渡り、そこから九州、広島を巡って北上し、東北、北海道へ。主な目的の一つは、日本近代建築の雄、丹下健三の建築を巡ることであり、その感動は期待以上のものだったが、その一方で、各地に点在する古建築、とりわけ白川郷、飛騨高山といった土着の民家の空間に大いに心惹かれた。人々の生活が空間に結実し、それが自然と一体となって動かしがたい風景を形成している。その生活の用から導かれた造形の豊かさに、新しい時代の建築とは異なる、静かな感動を覚えた。

この卒業旅行を終えた後、神戸の設計事務所で、神戸湊川の再開発プロジェクトを手伝っていた時に、仕事を通じて、当時大阪市立大学で都市計画を教えておられた水

谷穎介先生と知り合った。なぜか気に入っていただき、先生の主宰する都市研究グループTeamURに参加、大阪市大の研究室に通うようになった。そして、都市開発のマスタープラン作成などを手伝うことになった。

家具やインテリア設計が日常であった私にとって、北欧のニュータウンなど、話のスケールが極端に大きく感じられ、最初はずいぶんと困惑した。だが、世界の都市開発の事例を参照しながらフィールドワークを重ねていくうちに、少しずつ日本の都市空間の問題も見えてくるようになった。同時に、そのプロセスは、法規や社会制度、経済活動と建築活動の関わりを、極めて実践的に学べる機会ともなった。

日本一周旅行で訪れた外泊の集落(愛媛県愛南町)。

チームには愉快な仲間もいて居心地がよく、思っていた以上に長居することになったが、結局、数年でURからは身を引いた。〝都市〟を全体として捉える視点を知った上で、あらためて自分はそこに〝建築〟という部分で関わっていきたいと思ったからだ。

## 初めての世界

1964年、日本で一般の海外渡航が自由化されるとすぐさま、渡欧を決めた。観光用のガイドブックもなく、むろん周囲に海外旅行経験者などいようはずもない。「もう帰って来られないかもしれない」と、出発の日には家族や友人、近所の人々と水杯を交わした。海外に出ることは、それくらい不安だった。

おまけに1ドルが360円の時代である。24歳の当時、ちょうどインテリアデザインの仕事などがそれなりにうまく進みはじめて、生活の目処も立ってきた頃だった。長期にわたる渡欧は、そうした仕事の流れを断ち切り、蓄えの一切を使い切ることでもあった。

だが、そうした不安以上に、未知の西欧への好奇心の方が強かった。私たちの世代にとって、建築の歴史とはすなわち、ギリシャ、ローマの古典から近代建築に至る西

抽象的な言葉として知っていることと、
それを実体験として知っていることでは、
同じ知識でも、
その深さは全く異なる。
初の海外旅行、私は生まれて初めて、
地平線と水平線を見た。
地球の姿を体得する感動があった。

欧建築の歴史である。写真で見る西欧建築には、細部にこだわり、自然と一体化する日本の建築にはない、力強さがあるように思えた。その強さが何なのかを、その場所に行って、自分の目で確かめたかった。

横浜港からナホトカ経由でシベリア鉄道に乗り、モスクワに入る。かつて、前川國男がパリのコルビュジエを目指し、旅立ったのと同じルートである。モスクワからフィンランド、フランス、スイス、イタリア、ギリシャ、スペインと巡っていく。最後は南仏マルセイユから貨客船MMラインに乗り、アフリカのケープタウン経由で、マダガスカル、インド、フィリピンに寄って帰国した。所持金60万円、7ヶ月余りの旅程だった。

最初に足を降ろしたヨーロッパはフィンランド。極北に近く、気候は厳しい。自然環境としては貧しく不毛の土地といってもいい国だ。私が到着した5月はちょうど白夜のときで、沈まない太陽の下、アルヴァ・アアルト、ヘイッキ・シレンといった、北欧の近代建築家の仕事を存分に見て廻った。厳しい自然の中で、徹底して無駄を排しながらも、美しい光と人間生活への配慮に溢れた質素で清潔な建築、心洗われる空間に強い感銘を受けた。「地域によって生活空間は異なる性格を持つ」という当たり前の事実に、あらためて気付かされた。

思い返せば、幾多の感動の記憶がよみがえってくる。はるかローマの時代につくられた、パンテオンの劇的な光の空間。廃墟となってなお、西欧建築の原点として屹立する、ギリシャ、アクロポリスの丘のパルテノン神殿。各地に点在する20世紀初頭の近代建築の名作の数々と、その近代にあって異形の建築をつくり続けた、バルセロナのアントニオ・ガウディの建築。イタリアではローマからフィレンツェまで、ミケランジェロのすべての建物を絵画、彫刻とあわせて制作年代順に見て廻った。目に映るものすべてが新鮮であり、もっと面白いものはないかと、旅の間中、ひたすら歩き続けた。

そして、夢にまで見たル・コルビュ

1965年。横浜港から初めての渡欧。

ジエの建築。ポワッシーの丘のサヴォワ邸をはじめとする一連の住宅作品から、ロンシャンの礼拝堂、ラ・トゥーレットの修道院、マルセイユのユニテ・ダビタシオンに至るまで、見つけられる限りのコルビュジエ建築を訪ね歩いた。パリでは、コルビュジエのアトリエをずいぶんと探したのだが、結局、建築家本人に会いたいという願いはかなわなかった。私がパリに着く数週間前の１９６５年8月27日、コルビュジエは他界していた。

建築行脚が目的といいながら、たよりは道中に読もうと携えていった近代建築の教科書的著作数冊程度。もう少し歴史を系統立てて勉強していれば、さらに充実した建

1965年。ギリシャ、アクロポリスの丘。

築行脚の旅に出来ていただろう。だが、最も心が飢えていた時期に、建築と風土、人間を含めた〝世界〟を、自分の目で視て、体験出来たことが、結果としては良かったのではないかと思う。

抽象的な言葉として知っていることと、それを実体験として知っていることでは、同じ知識でも、その深さは全く異なる。この旅で、私は生まれて初めて、地平線と水平線を見た。ハバロフスクからモスクワまでシベリア鉄道に乗って150時間、車窓から覗いた延々と変わらない平原の風景。インド洋を進む船の上で体験した、四周どこまでも海しか見えない空間。現在のようなジェット機での移動では、あんな風に地球の姿を体得する感動は得られないだろう。

最後に立ち寄ったインドでは、異様な匂いと強烈な太陽の下、人間の生と死が混在しているさまに、人生観が変わるほどの衝撃を受けた。ガンジス川で沐浴する人々のすぐ横を、荼毘に付された死体が流れていく。自分という存在がいかにちっぽけなものかを思い知らされた。

生きるとはどういうことか——。

渡欧の決心を告げたとき、祖母は「お金は蓄えるものではない。自分の身体にきち

んと生かして使ってこそ価値のあるものだ」と力強い言葉で、気持ちよく送り出してくれた。以後、自分の事務所を開設するまでの4年間、お金が貯まると旅に出て、世界を歩いて廻った。祖母の言葉通り、20代での旅の記憶は、私の人生にとって、かけがえのない財産になった。

## 1960年代に20代を生きたこと

建築に限らず社会史の分野においても、しばしば、1960年代は特別な10年間として取り上げられる。実際、あれほどに社会が激しく揺れ動いた時代はなかったと思う。

60年代の始まりとはすなわち、大衆化社会の始まりだった。50年代後半において、既に日本の資本主義は完全に復活しており、保守党政府による政界運営は安定し始めていた。プロスポーツ、週刊誌、レジャーという言葉が日常的になり、人々はかつてない物質的充足感を得るようになっていた。が、その一方で、見せかけの繁栄は、人々に問題意識を忘れさせ、社会への抵抗力を弱体化させていった。

そうして押し殺されていた反体制のパワーが、安保改定の60年に一気に爆発する。

当時の私は19歳。大阪の下町でもがくように生きていたノンポリの若者の目にも、テ

ル・コルビュジエのサヴォワ邸(上)とロンシャンの礼拝堂(下)。
撮影＝藤塚光政

レビに映る、見渡す限りの赤旗の林立と、人の波で国会が包み込まれる画は衝撃だった。

既成のものを否定し、今に反逆する——経済国ニッポンへとなし崩し的に進んでいく社会にあって、安保闘争に始まる60年代には、それに抗って自分たちの人生を生きようという時代の精神が確かにあった。

血気盛んな20代で、いつも心の刺激に飢えていた私は、60年代半ば頃から、しばしば東京に出て、当時アヴァンギャルドと呼ばれた若い表現者たちの仕事を熱心に見てまわった。高松次郎、篠原有司男に寺山修司の天井桟敷、唐十郎の紅テント。あるいは横尾忠則、田中一光といった新進のグラフィックデザイナー、写真家の篠山紀信——55年に増沢洵が新宿につくった風月堂、赤坂のムゲン、ほかにも新宿2丁目のカッサドール、乃木坂のジャドなどが、そうした人たちの溜まり場になっていた。カッサドールとジャドの内装を手掛けた倉俣史朗と知り合ったのもこの時期だ。

地元関西にも、吉原治良率いる具体美術協会があった。彼らとは、梅田のジャズ喫茶「CHECK」で知り合った。ミシェル・タピエが「文句の付けようのないアンフォルメルがここにある……」と絶賛したように、白髪一雄の泥に飛び込むアクション、村上三郎の十数枚の紙を突き破って走り抜けるアクションなど、美術を行為へと還元し、表現と日常的活動を識別できない等価なものへと近付けていく彼らの試みは、文

既成のものを否定し、
今に反逆する――。
経済国ニッポンへとなし崩し的に
進んでいく社会にあって、
安保闘争に始まる60年代には、
それに抗って
自分たちの人生を生きようという
時代の精神が確かにあった。

字通り前衛の極みだった。私は「こんなものまでが芸術なのか」と驚かされる反面、刺激的な彼らの言葉に大いに啓蒙された。

「人の真似をするな！　新しいことをやれ！　すべてのものから自由であれ！」

時代が、社会が、人間の感情を揺り動かす力に満ちていた。揺さぶられ、突出してきたありとあらゆる異形のものを、許容する包容力があった。そんな60年代の精神が、ある一瞬、世界中で共鳴しあって一つの大きな流れとなった。１９６８年に起こった、全世界的な革命運動である。

日本では東大の安田講堂封鎖事件に象徴される一連の学生紛争前夜の１９６８年５月、私は二度目の欧州旅行の途中にいた。五月革命の只中にあるパリ。偶然にも、そこに居合わせたのである。私は、怒れる若者と一緒になって、舗道に埋め込まれた石を掘り起こし、何かに投げつけた。あらゆる都市機能をストップさせて権力の解体を訴える、若者たちの凄まじいエネルギーは、一瞬とはいえ、確かに時代を動かした。私たちの世代の社会意識、生き方はこのとき決定付けられたのではないだろうか。

激動の60年代は、戦後の経済成長を支えた科学技術への讃歌を高らかに謳う、大阪万国博ＥＸＰＯ70の成功で幕を閉じる。言いようのない高揚感に満ちた時代の空気もまた、この祭りの終わりと共に途切れた。70年11月の、自衛隊での三島由紀夫の割腹

1969年。28歳のとき。
梅田のマンションの一室に開設した事務所にて。

自殺が、創造の時代の終焉を象徴しているように思う。

オイル・ショックという予期せぬ事態に社会の楽観ムードが暗転すると、それまで隠されていた高度経済成長の矛盾が、一気に噴出した。深刻な公害問題、人口集中による数々の都市問題、その結果としての歯止めのない郊外の開発事業、自然破壊——。だが、それに対し抵抗する声は聞こえないまま、経済至上主義はより一層拍車がかかり、すべてがコマーシャリズムの波に呑み込まれていった。

60年代の終わりに、私は大阪の梅田に小さな事務所を開いた。そして、建築という職業をもって社会の理不尽に抵抗していく、私なりの闘いを始めた——。

# 第3章
# 建築の原点、住まい

荒木経惟

## 住吉の長屋――批難を浴びたデビュー作

大阪市住吉区の下町、三軒長屋の真ん中を切り取ってつくった間口2間×奥行き8間のコンクリートの箱の家――〈住吉の長屋〉が、建築家としての私の実質的なデビュー作だ。建築というには余りにささやかなスケールではあったが、住まいとして、いくつかの問題をはらんでいたために、この家は世間の注目を集めることとなった。

その第一の問題は、四周が壁で囲われて、入口以外には一切の開口部がないこと。第二の問題は、内外とも、壁と天井がすべてコンクリート打ち放しで出来ていること。そして第三の問題は、これが一番論議を呼んだのだが、ただでさえ小さい箱を3等分して、その真ん中を屋根のない中庭としてしまっていること。要するに、1階の居間と水廻りを集めた食堂、2階の夫婦の寝室と子供部屋、これらの部屋から部屋へ移る生活動線がすべて中庭によって断ち切られてしまう構成である。

〈住吉の長屋〉が最初にメディアに取り上げられたのは、1976年10月、朝日新聞文化欄で伊藤ていじ氏が執筆していた連載コラムである。高山で行われた、ある建築セミナーで伊藤さんとご一緒した。そこで住吉の長屋のことをお話しすると、伊藤さ

住吉の長屋。三軒長屋の真ん中を切り取り、つくられたコンクリートの箱の家。

階段の頂点、そまい

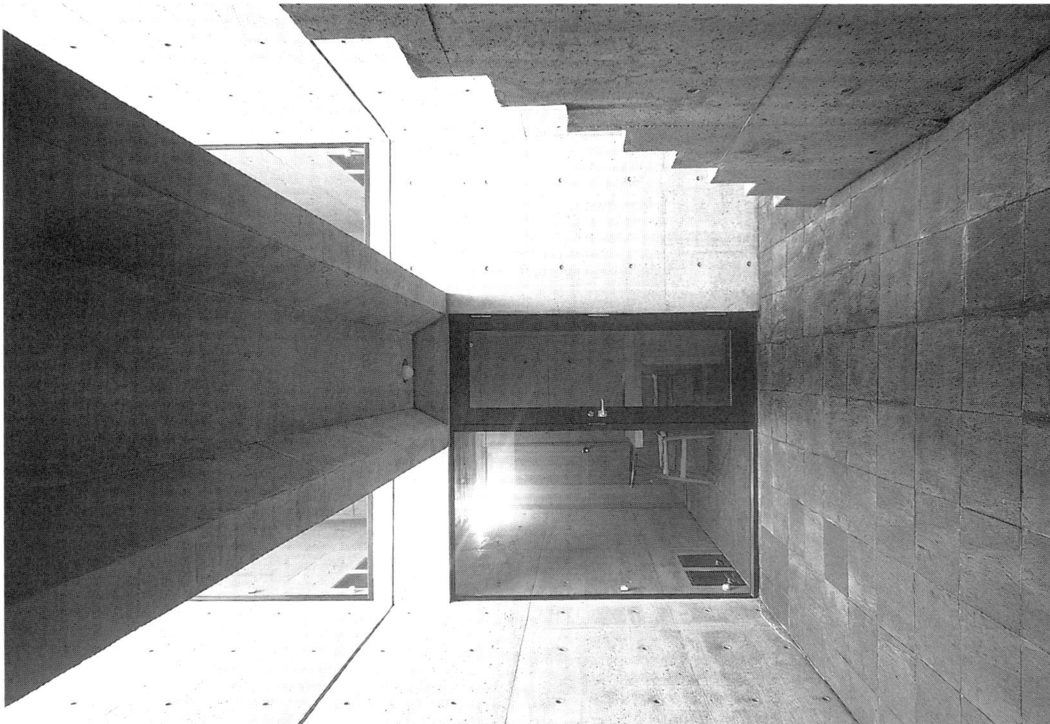

んは興味を持たれ、セミナーの帰りにわざわざ寄って帰られた。小さい家を必死でつくっている面白い若者だと思われたのだろう。東京都心の高層建築の節操のなさを批判する記事の中で、「大阪にはこんな家をつくる建築家がいる」と、好意的に書いて下さった。

しかし、その後、建築専門誌に発表すると、伊藤氏のように評価してくれる人もいる一方で、厳しい批判の声も数多く挙がった。

「窓の無い外観は街に対して閉鎖的過ぎる……内外コンクリートの打ち放しは、住空間としてどうなのか……断熱もせず、冬の寒さはどうするのか……雨の日には寝室からトイレに行くのに、手摺も無い階段を、傘をさしていかねばならないのか……」

確かに、常識的な機能主義の観点からすれば、不便極まりない家である。１９７９年に住吉の長屋で日本建築学会賞をもらったときも、「決して一般解とはならない家だが……」とのただし書き付きの受賞だった。

現実に住まい手に厳しい生活を強いている以上、建築家のエゴだと言われるのは仕方がない部分もあるだろう。だが、機能も考えず芸術作品のように好き勝手につくったのだろうという批評は、的外れだ。この家は、決してそこで営まれる生活を無視して出来たものではない。逆に、生活とは何か、住まいとは何かということを自分なりに徹底的に考え、突き詰めた結果だったのである。

家の真ん中を中庭とした、住吉の長屋。
撮影＝新建築写真部

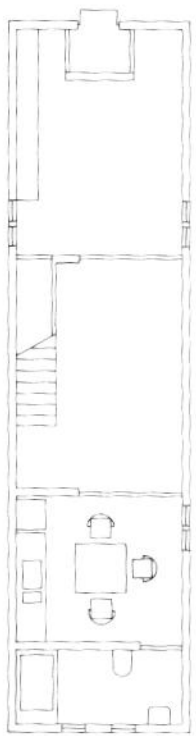
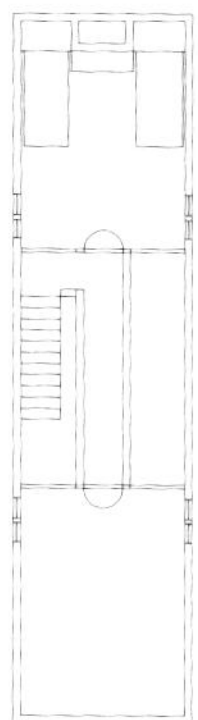
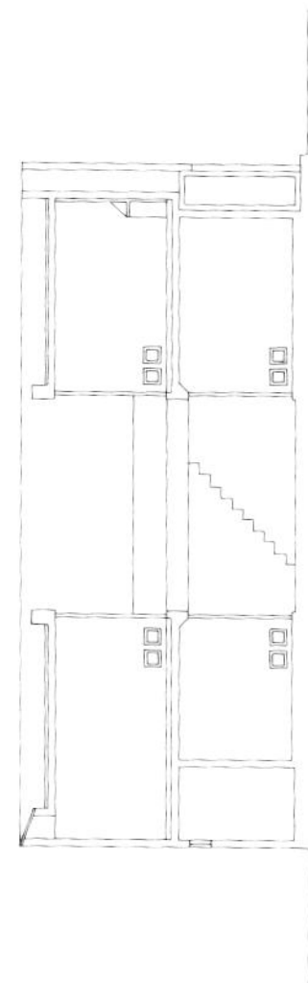
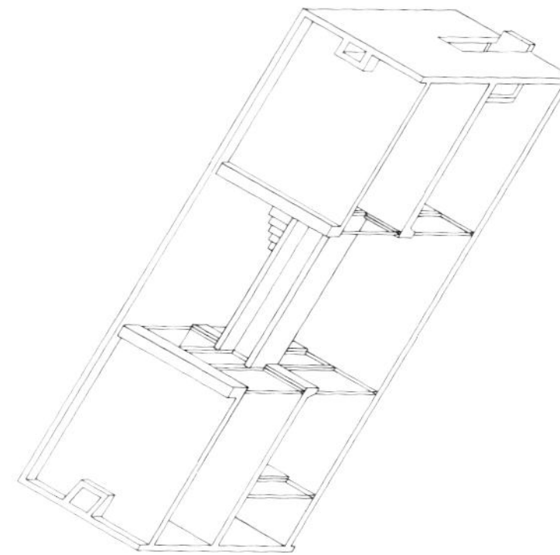

## モダンリビングの流行、下町の人々の暮らし

１９７０年代の前半、日本社会は高度経済成長の只中にいた。ＧＮＰは上昇の一途にあり、71年の金融緩和、72年の田中内閣による列島改造論を受けて、住宅産業は躍進。戦後25年余り、アメリカ的生活を夢見て必死で働いてきた日本人に、ようやく自分の家をつくる余裕が生まれていた。

そのとき、人々が求めたのは、当然のことながら、設備万全のアメリカンスタイルだった。明るいモダンリビングのイメージを宣伝するマンション、建売、住宅ローンによる戸建住宅が、凄まじい勢いでつくられ始めていた。

だが、例えば京阪神の新興住宅地が続々と建売住宅に埋められていく一方で、私の周囲では依然として在来工法の木造家屋が主流であり、それらが密集して建ち並ぶのが現実の風景だった。モダンリビングとは縁遠い環境にいた。

私が育った家は、大阪市旭区の木造中２階建ての長屋である。育ての親である祖母を喪い、45歳を迎えるまで、ここに住み続けた。住吉の長屋と同じ、間口２間、奥行き８間の典型的な長屋住居。おかげで、子供の頃から家というのはなんとなく暗く狭いものであり、冬に寒く、夏に暑いものだという事実を当然のこととして受け入れて

住吉の長屋、平断面図とアクソノメトリック。

いた。こんな住環境を何とか改善したいという不満、怒りが、建築をやっていこうという私のエネルギーの源にもなっていた。

しかし、決して住み良いとは言えない家ではあったが、西向きの後ろ庭のおかげで、最小限の通風、採光はとれていた。まだ車もクーラーも一般には普及していない時代、人工的な放熱も少なく都市環境も今よりは随分ましだった。蒸し暑い夏の夕刻、吹き抜ける風に涼しさを感じたり、夕刻に後ろ庭から差し込む一時の陽の光をぼんやり眺めたり――貧しいなりに工夫して、四季を過ごし、それなりの生活を楽しんでいた。

事務所を開設する前、勉強のため世界各地を放浪したとき、私はアメリカを2回訪れていた。2回目はグレイハウンドバスに乗って西から東へ、大陸横断の旅だった。そこでアメリカの桁外れな〝豊かさ〟を目の当たりにした。街角にはハンバーガーやコカ・コーラを手にした人々が溢れ、ホテルやドライブインでは、ナプキンやティッシュペーパーが湯水のように使われている。大量消費型社会の日常に気圧されながら、国土も資源も生活習慣も異なる日本が、アメリカの真似をするむなしさを思った。

モダンリビングのイメージもまたアメリカの産物である。それを狭い日本の国土で求めるのはどう考えても無理がある。もっと身の丈にあった生活、狭いなら狭いなりの豊かさを考えるべきではないか――私には、皆が憧れる郊外型の白く明るい家は上面のごまかしのように思えてならなかった。

## 都市ゲリラ住居

70年代当時、私を含め若い建築家には、事務所を開設したからといって、まともな家を設計する機会などなかった。最初に手がけた〈冨島邸〉は、下町の木造長屋が密集する中の一棟の角の建て替え。以降頼まれる家も、予算もなく敷地も狭いような仕事がほとんどだった。

だが、そんな悪条件であっても、仕事に飢えていた私には、つくれるチャンスには違いなかった。小さく、ローコストでも建築がつくれることは１９５０年代の一連の小住宅作品、例えば増沢洵の９坪の自邸などが証明していたし、地元関西でも、60年代には西沢文隆の一連のコートハウスやＲＩＡのラムダハウスなど、すぐれた都市住宅の試みが始まっていて、私も大いに刺激を受けていた。

施主の要望に応え、単に機能を充たすだけであったら、つまらない家しかできない。予算の制約は仕方ないとしても、あとは安易な妥協はすまい、とクライアントと揉めても、相手が根負けして匙を投げるまで我を通した。現場の工務店に対しても、施工が悪ければつかみ合いの喧嘩をしてでもやり直しを求めた。

１９７２年、同じ大阪で設計活動を始めていた渡辺豊和氏の紹介で、植田実氏が編集されていた雑誌『都市住宅』の別冊号に、〈冨島邸〉と他2件の計画案を発表する機会を得た。そのとき「都市ゲリラ住居」という文章を一緒に載せてもらった。大都市過密地域の猫の額ほどの敷地に、それでも独立住宅をつくることの意味と、自身の建築の存在理由を書いたものだ。都市に住み着こうと踏ん張る個人の住まい——それを闘うゲリラのアジトと位置づけ、実例として、〈冨島邸〉を含む3件を紹介した。いずれの計画も、四周に壁をたて、都市に対して完全に閉じた囲いの中で、内部空間の充実を図ろうという自閉的な構成をとっている。明るいモダンリビングを求める、世の中の流れとは正反対の洞窟のようなイメージの家だった。

都市ゲリラ住居の第一号、
冨島邸（1973年竣工）。

問題はこの場所で生活を営むのに
本当に必要なものは何なのか、
一体住まうとはどういうことなのか
という思想の問題だった。
それに対し、
私は自然の一部としてある
生活こそが住まいの本質なのだ
という答えを出した。

## 住まうとは何か

都市ゲリラの発表から２年後の１９７４年の初め、〈住吉の長屋〉の設計をスタートした。間口２間という敷地の狭小さといい、両隣と壁１枚で隔てられた三軒長屋の真ん中１軒の建替えという工事の難しさといい、それまでに手がけたどの家よりも条件は厳しかった。だが、そのかつてない悪条件が、逆に若い私を奮い立たせた。こんな狭い場所にこんな豊かなスペースが……というような家をつくりたい。そんな思いで、全身全霊を傾けて設計に取り組んだ。

敷地も予算も限られた条件下で、自ずと意識はいかに贅肉を削ぎ落としていくかという引き算の方向に向かった。20代でアメリカを旅行した時、シェーカー教徒の自給自足の生活文化を知り大変感銘を受けたが、住吉の長屋で考えていたのも、シェーカーの家具のような、必要の生み出す生活の美学だった。

ただ、モノを減らして、単純な形にすればいいわけではない。原理的な構成の中で、どれだけ変化に富んで奥行きのある住空間をつくれるか――そんな矛盾したテーマを思いながら、色々な可能性を探っていった。そして行き着いたのが、家の真ん中に、目一杯の外部空間を内包するコンクリートの長屋だった。

なぜ街に無表情な壁を向け、合理的な動線計画という現代住宅の不文律を破るような構成を選んだのか。つくった当初は、私自身自覚出来ていない部分もあり言葉にするのに苦心したが、周囲からのさまざまな批評にさらされる中で、徐々に整理して考えられるようになった。

問題はこの場所で生活を営むのに本当に必要なものは何なのか、一体住まうとはどういうことなのかという思想の問題だった。それに対し、私は自然の一部としてある生活こそが住まいの本質なのだという答えを出した。限られたスペースであったからこそ、その厳しさもやさしさも含めた自然の変化を最大限獲得できる事を第一に考え、

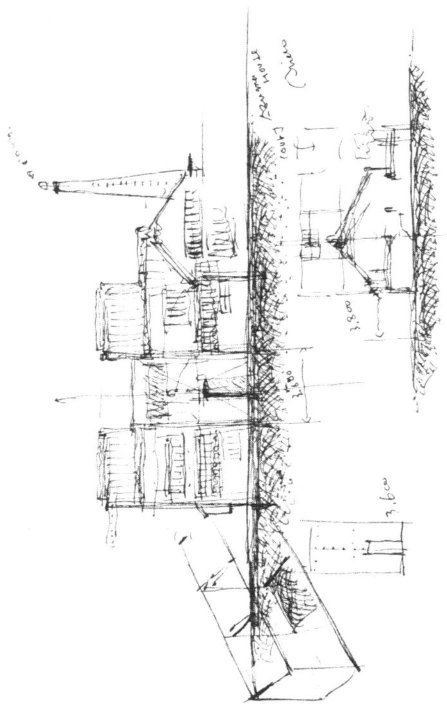

住吉の長屋、スケッチ。

無難な便利さを犠牲にした。
　極小ともいえる敷地での自然との共生というのは、明らかにバランスを欠いた発想だったと思う。普通に見れば、小さな建物の３分の１を占める中庭は、なんと無駄な存在かと思われることだろう。だが私は、自身の長屋暮らしの体験から、この中庭という自然の空白こそが狭い住居に無限の小宇宙を創り出すのだと信じていた。同時に、その中庭から入り込む自然を、厳しさをも含めて受け止め、日々の生活の彩としていける強さが人間にはあると――少なくとも、もともとそこで長屋住まいをしてきたクライアントの東夫妻ならば、この家を理解してくれるだろうという確信があった。

　物議をかもしたおかげか、〈住吉の長屋〉は吉田五十八賞の候補に挙がり、最終選考のため、建築界の重鎮、故・村野藤吾先生が現地を見に来られた。先生は家の内外をじっくり見回った後、「建物の良し悪しはともかく、この狭い中で生活が営まれていることに感銘を受けた。住み手に賞を与えるべきだろう」と言い残してその場を去った。案の定、結果は落選だったが、先生のお言葉は、今も大切に心にしまっている。
〈住吉の長屋〉の創造性は、それが実際につくられ、現実の住まいとして存在した事実にこそあった。私は、三軒長屋の真ん中の建て替えというリスクの大きい難工事を引き受けてくれた工務店の人達の勇気に、その建築を許してくれた両隣やご近所の

中庭は、小さな建物の3分の1を占める（住吉の長屋）。

自然と共に生きる住まい。
（住吉の長屋）

人々の勇気に、そして、何よりもこの建物に住まう決心をしたクライアントの東夫妻の勇気に感謝せねばならない。彼らのたくましい情熱と努力がなければ、住吉の長屋はコンクリートの彫刻作品とはなっても、家とはならなかった。夫妻は、30年余経た今なお、建設当時と変わらぬ姿で住み続け、モノに頼るのではない生活の豊かさがありうることを証明してくれている。

振り返ってみると、住吉の長屋の極限に近い諸条件が私に教えてくれたものは、実に豊饒なるものであったと思う。狭くローコストであるがゆえ、1ミリの無駄も許されない。だからこそ、そこで時間を過ごす人間の精神力、体力から生活形式に至るまで、あらゆる問題を限界まで突き詰めて考え抜くことができた。

安易な便利さに流されない、そこでしか出来ない生活を問う住まい。それを実現するための、簡素な素材と単純な幾何学による構成と、生活空間への大胆な自然の導入。この住宅が、今日まで続く私の建築の原点となった。

## 都市ゲリラの新たな展開

「住まうとは、ときに厳しいものだ。私に設計を頼んだ以上、あなたも闘って住みこなす覚悟をしてほしい」

「住まうとは、ときに厳しいものだ。
私に設計を頼んだ以上、
あなたも闘って住みこなす
覚悟をしてほしい」――。
家を建てたいという人が来た時に、
私はこのように説明する。

家を建てたいという人が来た時に、このような話をして、〈住吉の長屋〉の計画などを説明すると、大体半分はしり込みして帰っていく。その残りの半分、つまり変わり者の人々が、私のつくる家のクライアントになった。

最初のうちは、ある地域で一つ家をつくった後、近所の人が工事中から完成するまで何回か見に来られて依頼されるというケースが多かった。〈住吉の長屋〉の後、〈帝塚山タワープラザ〉や〈真鍋邸〉、〈堀内邸〉、〈大西邸〉など、その周辺の地域に仕事が集中したのがいい例だ。私のつくる家が単に姿かたちが変わっているというだけでなく、生活の形そのものを変えねばならないようなものであったから、頼む側にも相応の準備が必要だったということなのだろう。

それだけの努力を住まい手に強いる分、つくり手の側も責任を全うしようと、完成後の定期的なメンテナンスには特に力を入れて取り組んだ。住まい手と一緒に汗を流して外壁の汚れを落とし、不都合の生じた部分を改善していく。住宅の増築を再度依頼されることが多いのは、住み心地云々よりも、この完成以降のプロセスで培われる人間関係が大きいのではないかと思う。

こうしてゲリラ的に、等身大ともいえる家をつくっていった私にとって、一つの転機となったのが70年代の終わりに設計を始めた〈小篠邸〉である。

それまでの仕事が、猥雑な都市環境の中にある極小の敷地でいかに〝豊かな〟住空

小篠邸。既存の樹木を生かすため、建物は南西に向けられた。
撮影＝新建築写真部

間を獲得できるかというテーマであったのに対し、芦屋の奥池の自然豊かな敷地で、規模設定もプログラムも縛りのない条件での〈小篠邸〉の計画は、自身の目指すもうひとつの建築を追求できる、絶好の機会だった。

## コンクリート打ち放しの大邸宅

〈小篠邸〉は、立地といい規模といい、日本ではほとんど大邸宅といっていい部類の特殊な仕事だった。それがローコストの家ばかりつくってきた私に依頼されたのは、やはりクライアントであるファッションデザイナーのコシノヒロコさんが変わっていたということなのだろう。彼女の個性に負けぬよう、私もまた、世間の常識とは異なる形で、自分なりに思う〝豊かな〟家をつくろうと思った。

内外打ち放しコンクリートを基調とするストイックな空間。徹底的に幾何学にこだわった、単純なプラン構成。ここまでは住吉の長屋以降、一連の都市住宅で用いてきたのと同じ手法であるが、その箱に自然を引き込む仕掛けにおいて、ここでは〝光〟という新しいテーマに挑戦している。

建物内で感じる自然を〝光〟に絞り、その〝光〟のさまざまな引き込み方を考えることで、それぞれのスペースを特徴づけていく。〝光〟を追い求めるだけで建築が出

光を主題としたストイックな生活空間(小篠邸)。
撮影＝大橋富夫

光の移ろいと共に、空間の表情が
変わっていく(小篠邸)。
撮影＝大橋富夫

来ることは、ル・コルビュジエのロンシャン礼拝堂が証明しているが、小篠邸では、その〝光〟の空間を、一切の装飾を排したコンクリートの箱の中で試みた。

もう一つ、この建築で向き合うことになったテーマが、樹木に取り囲まれた広大な敷地の中に、建物をどのように配置するかという問題だ。都心部とは異なる、自然に恵まれたこの場所だからこそ出来る住まい——。私は、単に建物とその余白というような消極的な形でない、建物を含めた敷地全体で、一つの庭となるような建築を目標とした。

そして生まれたのが、高さの異なる2本のコンクリートの箱が地形に沿って平行に並ぶ構成である。2棟の間は、高低差を生かし、一部を階段としたテラス。戸外の居

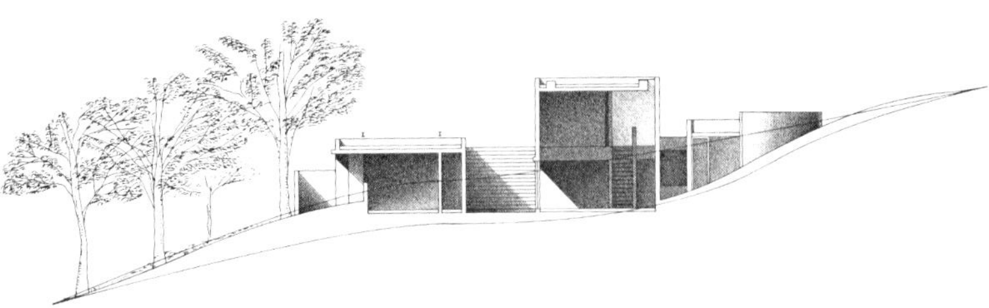

小篠邸、断面ドローイング。地形と一体化するよう埋め込まれたコンクリートの箱。

間となる、このテラスに面して、それぞれの箱に敷地の風景をもっとも相応しい形に切り取る窓を開けていく。
地面に埋め込まれたような造型のほか、この家が周囲の別荘と異なるのは方位だ。実は、〈小篠邸〉では、主たる開口部の面を南西に向けている。充分に敷地は広かったから、真南に向けるのも不可能ではなかったが、敷地に生えていた既存の樹木を残すことを前提に計画を始めた結果、このような配置となった。南向きにこだわるより、先住者である自然を敬い、それを生かすことを大切に考えた。

一般に思う〝大邸宅〟とは大分異なる形にはなったが、コシノヒロコさんの生活感覚には合っていたようで、建物が完成して3年後にアトリエを増築、新たに円弧を描く光の空間が加わった。そして2004年、彼女の依頼で、再び改築プロジェクトを行うことになり、今度は既存の1棟を抜本的に改造。小篠邸は、全く新たなゲストハウスとして生まれ変わった。
それぞれの時期に、私が心に描いていた空間のアイディアを実践することが出来た。単に、コンクリートの箱の〝次〟を見つけるきっかけを得たというだけではない、私にとって特別な意味を持つ住宅である。

改築され、ゲストハウスとして
生まれ変わった小篠邸。
撮影＝松岡満男

## 社会とのズレ

　事務所のスタートから10年目くらいには建築家としてある程度認知されるようになり、多少仕事がしやすくなった部分もあったが、私自身の建築に向かう姿勢は〝都市ゲリラ〟のまま変らないつもりでいた。だが、周囲の状況は変わっていった。

〈住吉の長屋〉に象徴されるように、私が目指してきたのは、ストイックで強く生きる人間のための、いわば修道院のような住まいである。70年代までは、そうした私の考えと、ローコストでもともかく自分の家を建てたい、自分なりの生活を築きたいという住み手の意識は、ほとんど重なっていたように思う。それが、ちょうどバブル経済の始まった80年代半ばあたりから、社会が豊かになっていくにしたがって、何かズレを感じるようになった。

　むろん富裕な階層の人々の家はつくれないと言うわけではない。〈小篠邸〉以降も、建築家の城戸崎博孝氏をクライアント兼コーディネーターとしてつくった〈城戸崎邸〉など、思いを共有して取り組んだ大きな住宅の仕事もある。〈城戸崎邸〉では、クライアント夫妻とそれぞれのご両親の3家族が、独立しながら住む家という面白い課題を与えられた。一緒に住んでいる気配を感じさせながら、きっちりとしたプライ

城戸崎邸。クライアント夫妻と、
それぞれの親のための3世代住居。
撮影＝新建築写真部

屋外コートの巧みな配置により、プライバシーと共棲感覚を同時に満足させている(城戸崎邸)。
撮影＝新建築写真部

バシーを確保する。そんなことを考えながらつくった、コートハウスを立体的に組み合わせた迷路のような空間構成は、私なりのいわば小さな共同住宅の一つのあり方を示せたように思う。恵まれた条件であるがゆえに、新しい課題にも挑戦出来るという部分は確かにある。

だが、〈城戸崎邸〉のような仕事はやはり例外であり、ある程度経済力を持って私に家を頼もうというクライアントの多くは、いかに生活するかという問題抜きに、一つのスタイルとして私のつくる家を捉えていた。彼らが求めていたのは、あくまで〝安藤忠雄の打ち放しコンクリート〟というデザインであり、思い描いていたのは、面倒の少ない、明るく楽しい現代風で便利な住まいだった。

そのギャップを埋めてつくっていくには、ある部分で自分の思いを抑え込んでいかねばならない。だが、そうして迎合していけば、いつか本質を見失ってしまう。そんな社会とのズレに矛盾を感じながら、それに呑み込まれないよう踏ん張りつつ、家づくりを続けた。

## 家づくりを続ける意味

1990年以降、公共建築の仕事の割合が増えていくと、事務所の様子も慌しくな

海岸沿いの5メートル角の敷地につくられた
4メートル×4メートルの家。
撮影＝松岡満男

った。公共建築を請け負うには少なくともスタッフを20人以上抱えて、ある程度の規模を維持しなければならない。だが、その人数を抱えて時間のかかる個人住宅まで請け負うと、経営的に事務所が成り立たない。必然的に、住宅の仕事は減っていったが、それでも1年に1件か2件でも、家はつくり続け、今に至っている。

運営面でのデメリットを承知で、住宅の仕事を受けるのは、一つには新たに私の事務所に来る若いスタッフのためもある。彼らが建築の何たるかを知るには、手の届く範囲のスケールの住宅からスタートすることが一番だからだ。

半人前のスタッフの尻をたたきながら、彼らに職業として建築にとり組む覚悟を教え、なお自身が設計者としての責任を果たし、家をつくりあげていくには、それなりにストレスを感じるし疲れることも多い。だが、彼らのいい所は、未経験ゆえの情熱があるところで、その思いの分、ベテランの所員より良い結果を残すことも多々ある。何より私が、そんな情熱を忘れたくないから、住宅の仕事にこだわっているのだろう。

出来る数が限られている分、住宅の仕事を受ける際は慎重に決める。判断基準は、コストでも規模でもない、いかにクライアントと夢を語り、挑戦していけるかという、この一点に尽きる。

何が挑戦となるのかは、その都度変わってくる。大自然に臨む景勝地あるいは都心のビルの谷間などといった特異な敷地条件に取り組むのも面白いし、生活のあり方の異なる外国でつくるのも挑戦しがいがある。家族構成や職住の複合といったプログラムの複雑さをいかに解くかというのもあるだろう。

だが、一番面白いのは、やはり敷地が狭い、コストがないといった悪条件をはねのけてつくる小さな家だ。吹き抜けの階段室がそのまま家になったような〈ギャラリー野田〉、都市の隙間に割り込むようにつくった〈日本橋の家〉、究極のローコストを目指した〈白井邸〉。２００３年には、瀬戸内海を見晴らす海岸沿いの５メートル角の敷地に４メートル×４メートルの極小住宅をつくった。現在も５メートルに満たない間口で奥行きが30メートル余りという都心部の細長い敷地に、その特性を活かした回遊式庭園のような家をつくろうと頑張っている。

小住宅の設計から都市に闘いを挑んだ私が、今は国内外の公共建築を主な仕事としている。仕事の量は、小さな事務所の手に余るほどで、内容、質、経営のバランスを保ちながらギリギリで頑張っている状況だ。今抱えている仕事の目処がつき、落ち着いてきたら徐々に仕事の規模を落として、自分のスタート地点に立ち戻ってみたいとも考えている。

ともあれ、自分の最期の仕事は住宅だと、これだけは強く心に決めている。

4×4の家。最上階のリビングから
瀬戸内海を見晴らす。
撮影＝松岡満男

# 第4章
# 都市に挑む建築

撮影＝荒木経惟

## 〈表参道ヒルズ〉と〈住吉の長屋〉

私の建築家としてのデビュー作、〈住吉の長屋〉は間口4メートルに満たない、狭小な敷地に建つ長屋の建替えだった。対して、２００６年2月、旧同潤会青山アパートの跡に完成した〈表参道ヒルズ〉は、表参道に沿って全長２５０メートル余りのファサードを持つ。

その規模の違いもさることながら、大阪の下町の個人住宅と、東京のメインストリートに建つ複合再開発ビル、という敷地環境と用途の違い、それに30年という時間のギャップを含め、あらゆる意味で〝違いすぎる〟建築だ。普通に見て、この二つは異なる次元の仕事だと考えるのが自然だろう。

しかし私の中では、やはり〈住吉の長屋〉と〈表参道ヒルズ〉は1本の線でつながっている。それは、都市に対してのある眼差しを持った建築、都市に物申す建築、というテーマのもとに引かれる線だ。

〈住吉の長屋〉では、外に対して一切開口のない、無愛想なコンクリートの壁をたてることで、高度経済成長の名の下にスプロール化していく都市に抗って、都市に棲みつこうとする個人の意思の表現を考えた。

表参道ヒルズ。250メートル余りのファサードを持つ。
撮影＝藤塚光政（写真提供＝カーサ ブルータス／マガジンハウス）

一方の〈表参道ヒルズ〉では、既存のケヤキ並木を尊重し、建物の高さを低く抑え、長いファサードをガラスの表現で統一することで、より多くの床面積と経済効果を求め都市空間を侵食していく市場原理に抗って、半世紀以上続く風景を残したいと願う、公共の意思の表現を考えた。

二つの建物が、住宅と商業建築という目的の違いにもかかわらず、いずれも内側の空白に向かう、いわば内向きの空間構成をとっているのは、こうした都市に対する防御の構えの表れだともいえる。

建築をスタートして以来40年を経て、社会も、建築を取り巻く状況も大きく変わったが、私の建築に向かう根本の姿勢は〝都市に抗うゲリラ〟のまま、何も変わっていない。

## 都市への眼差し

私が最初に〝都市〟を考えるきっかけを得たのは、事務所を始める前、60年代の一時期に、縁あって神戸湊川の大規模再開発計画に参加したときだ。手探りで建築を学び出した当時の私にとっては、それは全く未知の世界であり、最初は大いに戸惑ったが、そこでフィールドワークを重ねつつ、欧米諸都市の成り立ちなどを参照していく中で、徐々に都市を見つめる視点が自分の中に芽生えていった。

その都市の面白さを身体で確かめる機会となったのが、1965年からの数回にわたる世界放浪の旅である。それぞれに異なる都市の魅力があり、その場所ごとに固有の発見と感動があった。そして、日本の都市と比べたとき、世界の代表的な都市には共通してある一つの性格があるように思われた。都市に流れる〝時間の豊かさ〟だ。

例えばパリ、ウィーンの街の中心部で、1世紀以上昔の建物が、当たり前に使われ続けていて、その中で現代アーティストの前衛的な活動が繰り広げられている——そんな過去と現在、未来が渾然一体と重なり合う情景に、非常に新鮮な感動を覚えた。日本の都市にはない、成熟した都市の文化がそこにあった。

西欧の、いわゆる歴史都市が、近代化の波にのまれることなく、過去の街並みと建築を守ることが出来たのは、その都市化の背後に「このような方向に進んでいくべし」という理念があったからに他ならない。

日本の都市は、西欧の都市をモデルとして近代化を進めたが、輸入したのはあくまで都市計画の技法だけであり、肝心の「いかなる都市をつくるか」という理念は置き去りにしてきた。そのまま戦後、高度経済成長の時代を迎えると、ただ経済の論理だけをたよりに、建設と破壊が繰り返されることとなり、結果、世界のどこにもない

建築をスタートして以来40年を経て、
社会も、建築を取り巻く状況も
大きく変わったが、
私の建築に向かう根本の姿勢は
〝都市に抗うゲリラ〟のまま、
何も変わっていない。

〝混沌〟の都市が生まれてしまった。

私が建築活動をスタートしたのは、ちょうど経済が安定期に突入して、土建国家日本の躍進が始まろうとしていた頃である。目の前で自分の住んでいる場所がどんどん悪い方向に変わっていく。仕事もない、若い建築家にとって、〝都市〟は、文字通り〝敵〟にしか見えなかった。

## 見捨てられた商業建築から

「都市に対して建築はいかにあるべきか。建築は都市に何が出来るのか」

戦後日本で、この主題に真っ向から取り組み、言葉でなく建築で応えた初めての建築家が、丹下健三であった。

コンクリートで日本の伝統美を表現した香川県庁舎を始めとする一連の庁舎建築、技術が一つの表現となるまでに高められた傑作・国立代々木競技場、近代建築のダイナミズムを宗教空間に結実させた東京カテドラル聖マリア大聖堂など、その後の建築界に影響を与えた丹下作品はたくさんあるが、私自身が最も深く影響を受けたと思うのは、広島のピースセンターの建築だ。

　私がピースセンターをはじめて訪れたのは、22歳のときである。独学で建築を学び始めたばかりの頃、ただ丹下健三の名前をたよりに、予備知識も何もなく現地を訪れ、大きな感動を受けた。

　平和大通りを基軸に、ピースセンターのピロティ（柱によって持ち上げられた建物の下の広場）から祈りの広場、慰霊碑と原爆ドームに向かっていく、壮大な都市の建築――そこには戦没者の鎮魂を願い、平和を祈る、日本人の思いが、誰の目にも分かる風景として表現されていた。

　当時の私は、その建築がどのようにすごいのか、言葉にする術を持たなかったが、少なくとも「建築にはこれだけのことが出来るのだ」と身体で感じることは出来た。このピースセンターとの出会いが、その後一気に建築の世界に引き込まれていく、大きなきっかけの一つになったようにも思う。

　だが、その数年後、大阪で事務所をかまえた私に、そのような〝大きな〟仕事のチャンスがあろうはずはなかった。都市の公の場所に建つ、公の建物をつくるのは、有名大学できちんとした建築教育を受けた、いわばエリートの建築家たち。独学で、無謀なスタートを切った無名の設計者に許されるのは、〝変わり者〟のクライアントのつくる小さな個人住宅か、〝建築にはならない〟商業建築がせいぜいだった。

今なら都市に建築をつくるのに、「商業建築の何が不満か」と思われるかもしれない。だが少なくとも当時の建築界では、商業におもねる施設は公共性のない、いわば下等なもの、という認識が一般的で、実際、デザインも、表装を飾るばかりの陳腐なものばかり。商業建築は、完全に見捨てられた存在だった。

だが、本来商業の場というのは、物品の売買を通じて、人々が出会い、集まる、地域のコミュニティを支える場所でもある。とりわけ、長らく村落共同体を生活の中心としてきた日本の風土においては、その存在は大きい。生活への密着の度合いを考えれば、ある意味、公共施設などより、よほど公の性格の期待される場所だといえる。

いずれにせよ、私には都市に対して、ゲリラ的に関わっていく道しかない――。滅茶苦茶な成長を続ける都市への抵抗の砦として個人住宅をつくり出すのと同時に、私は商業建築をもって、小さな点から都市に切り込んでいく取り組みを始めた。

## レンガの壁の向こうに

私にとって住宅のデビュー作が〈住吉の長屋〉なら、商業建築でのそれは〈住吉〉完成の翌年、1977年に完成した、異人館で有名な神戸北野町での〈ローズ・ガーデン〉である。

この仕事は、地元生まれの20代半ばのクライアントから「街を元気づけるような施設を」ということで依頼を受けた。実は当時の北野町も、建設ラッシュの波に襲われており、次々とつくられる無粋なビルやマンションによって、旧い街並みが破壊されつつあった。そうした乱開発に歯止めをかけようという、地元住民の思いからスタートしたプロジェクトだった。

〝街並み保存〟というテーマに対し、私が提案したのは、建物のボリュームを既存の街並みから突出しないよう分割する配置計画。その上で、レンガ造の壁、切妻屋根のデザインといった異人館の部分のイメージを継承する建築である。

神戸北野町のローズ・ガーデン。

今でこそ〝景観保護〟などという言葉が一般に聞かれるようになったが、30年前には、世間の街並みに対する意識は希薄だった。その意味で、周辺の調和を考え、コンクリートでなくレンガで壁をつくったのは正解だったと思う。

だが、〈ローズ・ガーデン〉で私が本当につくりたかったのは、無論、レンガ壁ではない。力を注いだのは、その壁の向こうの〝空間〟だった。

2棟に挟まれた余白の空間。その吹抜けの外部空間に回廊を巡らし、階段で結んで、店舗の並ぶ〝道〟の空間をつくりだす。雨も風も吹き込むその〝道〟は、路地のようにときに不規則に折れ曲がって、建物内に〝よどみ〟や〝溜り〟の空間を生み出し、階段を昇ると、壁の隙間からは神戸の海が見える——考えたのは、建物の中に、もう一つの街をつくる、というアイディアだった。

完成した〈ローズ・ガーデン〉は、街の未来を思うクライアントを含めた地元住民の情熱に支えられて、意図した以上の形で街に溶けこんでいった。これを一つのきっかけとして、北野町全体に〝まちづくり〟の意識が広がったように思う。乱暴な再開発にはストップがかかり、代わりに落ち着いた雰囲気のファッションビルが競ってつくられるようになった。

私自身、〈ローズ・ガーデン〉以降もそこで〈北野アレイ〉、〈リンズ・ギャラリー〉、

〈リランズ・ゲート〉など、約10年間にわたり合計8件の建築に関わった。いずれも、〈ローズ・ガーデン〉と同じく、周辺環境との自然なつながり、場のにぎわい、といったテーマを思いながらつくった。

一つ一つの建築は小さくとも、それが連続してつくられていけば、一つの力になる。結果、北野町は従来の落ち着きをそれほど壊されることなく、異人館の旧い建物と現代の感性が同居する新しい観光地として生まれ変わっていった。

住民自身の手により、小さな点をつないでいくことで実現した、街づくりだった。

回廊の巡る、ローズ・ガーデンの中庭広場。

## 都市の広場

西欧の都市では、古代から現代に至るまで常に、広場が街の中心になり、人々の集う場としての役割を果たしてきた。イタリアの旧い都市などを巡ると、どこにでも歴史のしみ込んだ美しい広場や街路、今に生き続けている風景があり、心動かされる。

だが、その西欧を真似てつくられたはずの日本の都市には広場がない。それは〝つくれなかった〟のではなく、〝つくっても活かされなかったのだ〟と言ったほうが正しいだろう。それはつくる側よりも、むしろ使う側の問題である。

そもそも日本には、伝統的に、町の表側に改まって人々の自由なふれあいの場を必要とするような社会構造がなかった。都市空間という意味では、むしろ路地とか井戸端といった都市の裏側の場所のほうが、よほど身近に感じられる。

人々の側に参加や共有の意識が育たなければ、いくら物理的にスペースを確保しても、本当の意味での広場にはならない。実際、都心部の駅前につくられたオープンスペースなど、名ばかりの寂しい広場の光景を、今でもしばしば目にする。

いかにして、広場をつくるか――本格的な都市建設の始まった60年代以降、この広場という主題が、日本の都市の課題として常にあった。

北野町に始まる商業建築の仕事の中で、私が考えてきたのもまた、この〝広場〟である。といっても、実際の建物を見れば分かるように、それは都市の表側に現れるような、一般的な意味での広場ではない。外ではなく、内へ内へと連なっていくような、都市の中の囲われた空間のイメージだ。

内側に展開する構成であれば、当然、外側の世界との境界が強くあればあるほど、空間のインパクトは強くなっていく。その意味では、周辺環境との調和を踏まえた北野町の建物よりも、地方都市のアーケード街の中に切り込むようにつくった高松の〈ＳＴＥＰ〉や、沖縄の〈フェスティバル〉、大阪ミナミにつくった〈ＯＸＹ鰻谷〉、〈GALLERIA［akka］〉などのコンクリートの箱型建築の方が、より意図は明確に見えるだろう。

１９８４年に完成した沖縄の〈フェスティバル〉は、そうした内向きの広場を孕む箱の建築を、１辺36メートルの立方体という巨大なスケールで試みた仕事だ。ここでは、建物の中心を１階から最上階までつなぐ吹き抜け空間とし、その垂直方向に伸びる軸に沿って、上へ上へと昇っていくような空間構成を提案した。その巨大なスケールと比べると、単純すぎる形ではあったが、外壁に沖縄特有の穴開きブロックを用い、自然の光と風を全体にしみこませることで、空間が閉塞しないようにしている。その〝光と風の井戸〟を上り詰めた最後、最上階は、屋根のないオープンコートだ。

沖縄のフェスティバル。
撮影＝新建築写真部

沖縄の青空の下、ガジュマルの木の木陰に人々が集まり、涼をとっている。この空高く持ち上げられた広場が、〈フェスティバル〉の建築のテーマだった。

〈GALLERIA［akka］〉は商業建築であるが、建物のおよそ半分が、迷路のような階段の巡る吹き抜け空間になっており、見方を変えれば、垂直方向に展開するギャラリーの一部がテナントになっているともいえる。1989年2月、前年の暮れに亡くなられたイサム・ノグチさんの展覧会が、本人の遺志で〈GALLERIA［akka］〉で開催されるという〝ハプニング〟があった。他の場所でやることに既に決まっていたご自身の展覧会の打ち合せのため大阪

ガレリア・アッカでのイサム・ノグチ展。

にやって来たイサムさんがこの建物を訪れ、「既存の展覧会場でするより、この雑踏の商業スペースのほうが面白い」と即断して始まった企画だった。図らずもそれが追悼展となってしまったのは残念だったが、会期中、階段を上下しながら、イサムさんの彫刻との触れ合いを楽しむ人々を見て、建物が息づいているのを感じた。こんな予期せぬ状況を受け止められる空間の許容力が、都市の建築には必要である。

だが、商業建築においてそんな考えがすんなり受け入れられることは少ない。当たり前のことだが、商業建築は、あくまで事業として採算のとれるものでなければならず、収益を目的とする以上、少しでも〝使える〟床面積を確保することが、クライアントの切なる願いだからだ。

「何のために、そんなに大きな吹抜けが要るのか」
「通路と階段の占める面積が広過ぎる」
「パブリックスペースが半屋外空間ばかりで、空調が出来ない」
「建物の入口をくぐっても、また外に出る。お客さんはいつ傘を離せるのか」

物販店舗なら〝売れる店〟でなければならないのは事実だから、彼らの意見は的確で、ある意味正しい。こちらも見直すべきところは見直して、すり合わせをしながら、それでも譲れない一線は、何としても守るべき努力をする。

ガレリア・アッカの吹き抜け空間。

商業建築に、自分の思いをのせていくためには、そんなクライアントやディベロッパーとの緊張感ある時間を最後まで耐え抜くだけの根気と体力が必要だった。

## 失われた都市の水際空間を取り戻す

その意味で、京都での〈TIME'S〉の建築は思い出深い。決して大きくはない規模であったが、常識的な感覚からすると非常にリスクの高い提案であったために、実現にあたって、事業者のみならず行政との激しい衝突があったのだ。

敷地は、京都の真ん中を流れる高瀬川と三条通の交差する所にある。高瀬川は幅5メートル、水深10センチメートルほどの水運用の運河だ。明治時代に琵琶湖疎水が引かれるまでは、京都の水運の中心を担ってきた重要な存在で、人々の日常の風景に当たり前に存在していた川だった。それが都市の近代化が進むにつれ、機能を終えた川は邪魔者扱いされるようになった。川沿いに建つ建物は、全て川に背を向けて建てられ、日常的に人が川へと近づける場所もつくられていない。高瀬川は、現代の京都の都市にあって、完全に見捨てられていた。

だが、銀閣寺近くの哲学の道の横を流れる水路など、古都京都の情緒ある風景の多くは、水との関わりでつくられている。川の傍らの立地で、水を建築に活かそうというのは、京都の近くに育った人間ならごく自然に出てくる発想だろう。おのずと私の意識は川に向かうオープンスペースの設置に集中した。

単に川側の外観を開放的にするといった見かけのデザインではない、文字通り川の流れが建物に入り込んでくるような、そんな緊張感のある関係を、建物と川との間につくりだすことを目標に考えた。

そして生まれたのが、各層のパブリックスペースを全て路地状の屋外空間とし、建物内のさまざまなスペースで高瀬川と触れ合えるという建物のアイディアだったのだが、「なぜ、わざわざ維持管理が難しくなるようなことをするのか」とクライアントには猛反発を受けた。とりわけ最下層の、水面上20センチまで近づけたレベルに、一部護岸を切ってテラスをつくろうという提案は、「法的に問題がある」というので、行政からもクレームが出た。

「商品もあるのに、水が溢れたらどうするのか」というクライアントの心配は、良く理解できたから、この点に関しては、過去のデータから予想される水量の変移を技術的にシミュレートし、ギリギリの水際レベルを慎重に検討した。

だが、合点がいかなかったのは、行政の言い分である。

「いまだかつて、建築のために護岸を切り崩した前例はない。前例がないということは、やってはいけないということだ」

京都、高瀬川沿いに建つタイムズ。

タイムズでは、京都の水際の空間を再生した。

「川沿いに手摺も設けず、子供が落ちたらどうするのか」

護岸の形を、美観のために、自分の敷地内で変えることが、公共の利益に反するとは思えないし、たとえ子供が川に落ちることがあったとしても、水深10センチメートルの川で溺れるとは考えられない。ルールは守らねばならないが、彼らの主張は都市をつくるための論理というより、単に責任を回避したいがための詭弁のように聞こえた。

問題となることを恐れて、闇雲に規制するばかりの減点法のシステムでは、何も変らない。これには徹底して反論し、許可が下りるまでは引き下がらないという断固とした姿勢で臨んだ。こちらの言い分が、ある意味では正論だったからだろう。数回の交渉を経て最後は行政側も納得してくれて、ほぼ最初のイメージのまま、〈TIME'S〉はつくられることになった。

三条小橋から高瀬川沿いに下ると、そのまま川に沿って歩いていくことが出来る。失われていた水際空間を掘り起こした〈TIME'S〉の試みは、予想以上に人々を集め、それにより建物は事業計画としても相応の成功を収めた。数年後には隣接する敷地に、同じ考え方で増築を行うこととなったのだから、北野町と同じように、一つ一つの建築によるまちづくりのきっかけにはなったということだろう。

〈TIME'S〉は、住吉の長屋以来、囲われた領域の中に光、風という抽象化された形で自然を引き込むことを追求してきた私が、逆に自然の中に建築を放り出すように考えたという点において、一つの節目となった仕事だった。

周囲に生きた自然があるならば、それを味方につけて環境を組み立て直すことも出来る。だが、生きた自然とは、変化という豊かさをもたらしてくれる反面、煩わしく、厄介なものでもある。それに対して、現代都市は、基本的に予測の出来ない、不安な要素は排除しようという合理主義の論理でつくられている。このギャップを建築で埋められたとき、見えてくるのが社会批評としての建築というテーマだ。

マーメイド広場。
（サントリー・ミュージアム）
撮影＝大橋富夫

現代社会からはじきだされるものを拾い出し、その問題を浮き彫りにするような建築、その場所に、その時代にしか出来ない建築。

規模の大小は問題ではないだろう。現実の都市をいかに考えているか、いかなる問題提起をしているか——重要なのは、建築の背後にある意思の強さだ。

後に、大阪天保山でつくった〈サントリー・ミュージアム〉で、私は与えられた美術館の敷地を超えて、前面の市の管轄の護岸から、国の管理する海上まで連続する階段広場を構想した。この大きなプロジェクトの下敷きとしてあったのが、〈TIME'S〉の建築であった。

## "バブル期"の建築

事務所を開設して以来、私は個人住宅と商業建築を仕事の軸としてきた。80年代半ばには、関西だけでなく、東京でつくる機会も増え、私の声も少しは社会に届くようになりつつあった。

だが1980年代後半から90年代初頭にかけて、いわゆる"バブル期"の到来によって、状況は一変する。過剰な投機熱による資産価格の高騰に支えられた好景気は、「金で買えないものはない」と人々に錯覚させるほどの、究極の経済至上主義を社会

その場所に、
その時代にしか出来ない建築。
現実の都市をいかに考えているか、
いかなる問題提起をしているか――。
重要なのは、建築の背後にある
意思の強さだ。

青山のコレッツィオーネ。
撮影＝新建築写真部

に蔓延させ、その波に、建築も呑まれたのだ。

とりわけ、無様な醜態をさらしたのが、都心部に建つ商業建築である。そこにおいて、もはや建築は、デザインの新奇さを競うだけの商品でしかなかった。

〝ポストモダン〟という言葉を隠れ蓑に、だぶついたお金を使い切るためだけのような奇怪な形をした建物が、次々と、周囲とは無関係に建ち上がっていく。その一方で、投資の対象でしかないそれらの建物は、償却期間は3年程度、用が終われば瞬く間に取り壊されていった。

この時期、日本の都市空間は、完全に狂った市場原理に支配されていたともいえる。

その余波は、大阪にいる私の所にも押し寄せてきて、「好きに画を描いてください」などと、巨大なショッピングセンターや郊外の大規模分譲マンションの計画、リゾート地の開発計画などの話を持ちかけられたこともあった。

それらは〝稼げる〟仕事ではあったが、私は商業色の強過ぎる仕事や、クライアントとの意識のズレが大きいと感じるときは、あえて受けないようにした。その分〈兵庫県立こどもの館〉など、いくつか始まりつつあった公共の仕事に、事務所の体制を切り替えていった。青山につくったコンプレックス〈COLLEZIONE〉あたりが、最後の商業建築の仕事だったように思う。

商業のための建築で、市場原理と格闘して自分の思う建築をつくることに疲れたからというのではない。むしろ、土地と投機のゲームの駒でしかない建築に、もはや〝格闘〟する手がかりが見出せなかったから、そのゲームに巻き込まれたら自分を見失ってしまうと危険を感じたから、私は商業的な仕事から距離を置くことに決めたのだった。

表参道ヒルズ

そうして考えてみれば、〈表参道ヒルズ〉は、私にとって久しぶりの〝都市の建築〟だった。最初にプロジェクトの打診を受けたのは1994年である。旧同潤会青山アパートを複合都市施設に建替えるという話を聞いた瞬間に「これは難しい仕事だ」と思った。

一つには、100人近い地権者がいるアパートの建替えでは、一つものを決めるのにも、その100人の合意を得なくてはならないという、事業としての難しさがある。実は、建替え計画自体は1960年代から何度となくあったらしいが、いずれも実現には至らなかった。地価高騰の影響で地権者の合意が得られず、時間を経るうちに自然消滅……というパターンだ。それが今回は上手くいくという保証はどこにもない。

一方で、表参道という日本随一のストリートを形成してきた旧いアパートの〝跡〟につくるという開発の条件そのものに、このプロジェクトの難しさがあった。同潤会青山アパートは、関東大震災後の復興事業として、1927年につくられた日本初の本格的な鉄筋コンクリート造の集合住宅である。コミュニティ形成をテーマとして、当時の近代生活の〝夢〟が詰め込まれたその建物は、近代日本の建築遺産として建築界でも高い評価を受けていた。だが、そうした専門家の評価以上に重要だったのは、表参道を歩く一般の人の建物への思い入れの深さである。

4分の3世紀の年月を刻む建物が、ケヤキ並木のストリートに300メートル近い長さで続いている――スクラップ・アンド・ビルドを繰り返してきた日本では、稀有の美しさを誇っている。アパートのある表参道の風景は、紛れもなく、パブリックの存在であり、その開発となれば当然反対の声が挙がる。建築家として参加すれば、地権者と世論の板ばさみで、複雑な立場に立たされるのは必至だった。

だが、そうした建築以前の、政治的な問題の難しさを懸念する一方で、だからこそ、

同潤会青山アパート、かつての姿。

建築家が参画する意義があるとも感じていた。都市に建つ建築がいかにあるべきか、建築は都市に何が出来るのか——自分自身、ずっと考えてきた〝建築の責任〟が、強く、深く問われる仕事だと思ったからだ。

## 〝時間〟をつなげるための仕掛け

1996年に再開発組合の理事会で正式指名され、組合と本格的な話し合いを持つことからプロジェクトはスタートした。

しかし予想通りの厳しい展開で、最初の段階では、地権者の半分が建築家の関与を望んでいないような反応だった。私のつくってきたものを踏まえた上で、「コンクリートはやめてくれ……角々したデザインは嫌だ」といった話から、「玄関はこちらがいい……床は大理石張りに」といった個々のスペースについての要望まで、とにかく「建築家は余計なことをしないで欲しい」といった論調が多勢を占めていた。

ほぼ3ヶ月に一度のペースで開かれるこの会合で、私は事態をまとめていくよりも、逆に組合員の方々には思いを全て吐き出してもらって、ともかく〝聞く〟ことから始めた。森ビルの森稔氏始め、皆、表参道という場所に強い思い入れがあり、建替えに際してそれぞれに違う考えを持っている。それは、予定調和的にまとめようとして、

都市の豊かさとは、そこに流れた
人間の歴史の豊かさであり、
その時間を刻む空間の豊かさだ。
人間が集まって生きるその場所が、
商品として消費されるもので
あってはならない。

表参道ヒルズ。ケヤキ並木の高さを超えないように設計した。
撮影＝藤塚光政（写真提供＝カーサ ブルータス／マガジンハウス）

まとまるものではない。互いに妥協せず、腹を割った対話を重ねることで、気持ちのズレを乗り越えていこうと考えた。

実際、最初の会合から最後まで、プロジェクトに対する私の方針は、大本では全く変っていない。それは過去から現代へと続いてきた場所の時間の流れを断ち切らない、都市の記憶を受け継ぐ建物にしようという姿勢だ。アパートが守ってきた表参道の風景、それは絶対に残したい。

といって、老朽化した建物を改修して残すという方法は、物理的にも、また事業計画としても現実問題として不可能であった。取り壊して、建替えるという条件は受け入れざるを得ない。

そこで私が提案したのが、直接的な形ではなく〝風景〟として、過去を現在につなぐ建築である。具体的には、第一に建物の高さを全てケヤキ並木の高さ以下に抑えること、第二にファサードは可能な限り商業的な要素を排した、控え目な表現とすること、そして第三に端の2棟だけはどのような形であれ旧アパートの建物のまま残すこと――以上を計画の要点とする提案だ。第三の点は「モノではなく考え方で記憶を受け継ごう」という言葉と矛盾するようだが、この2棟は施設の一部というより、過去を伝える一つのモニュメントの意味合いで計画に組み込んだものだ。

いずれにせよ、事業者サイドの意向とは、真っ向から対立する提案だった。法規制

表参道ヒルズ。スパイラルスロープで地下階も路面店の構えとなった。
撮影＝藤塚光政（写真提供＝カーサ ブルータス／マガジンハウス）

で許された範囲の中で、少しでもテナント面積を大きくしたいという、そんな状況で高さを抑えること（＝その分地下空間を増やすこと）は、事業の採算性に関る大きな問題であったし、とりわけ、2棟を残す提案については、猛反発を受けた。
「水道、ガスなど全ての生活設備はほとんど機能不全に陥っており、コンクリート自体の耐久年数も限界を迎えている。天井も低く使いにくい。旧い建物に不満があるから建替えるのに、それを残すというのは馬鹿げている……」
実際に建物を使ってきた当事者の言葉は切実で説得力はあったが、それでもなお、私は引き下がらず、しつこく〝残す〟方法を探った。
「長い接道面を持つ建築は、公共に対してそれぐらいの無駄をする責任がある」
という主張を曲げなかった。

## 対話で乗り越えたプロセス

今振り返ってみて、あの混迷状態から、よく最終合意にまでたどり着けたものだと思う。
ケヤキ並木との関係で建物の高さを決めた結果、建物の地下空間は地面下30メートルにまで及んだ。表参道側のファサードは、ガラススクリーンの統一した表現となっている。光のインスタレーションのためのＬＥＤ照明やバナー取り付け用の細工をサッシに施した以外、各店舗の看板をかけるスペースなどは設けられていない。控え目な建物の構えの中で、ガラススクリーン上部の住戸を納めたブロックだけが、かつての建物が〝住まい〟であったことを忘れぬよう、浮き上がるようにつくられている。

4年余りの話し合いの時間を経て、地権者の方々が最後には「安藤さんに任せる」と言ってくれるようになったのは、一つには、一貫して同じ主張を続けた頑固さが、逆に信頼にもつながったのだろう。そしてもう一つ、寄せられた意見に対しては、応じるか否かは別に、必ず答えるようにしたからだと私自身は思っている。

組合との話し合いの中で、生まれた空間のアイディアもあった。地下3階、地上3階の合計6層の空間をつなぐスパイラルスロープの仕掛けがそれだ。

旧アパートの建物配置をなぞって計画していた三角形平面の吹き抜けにスロープを組み込んでみると、偶然にも表参道の道路勾配と同じ20分の1であることが分かった。あわせて床仕上げも表参道の歩道と同じ石畳のパターンにすれば、街路を建物内に引き込んだような雰囲気がつくれるし、本来は営業的に不利な地下階も〝路面店〟の構えにできる。これは〝発明的な〟アイディアだった。

ちなみに、最後まで揉めた一部棟を保存する案については、保存自体は敷地や躯体強度の問題から結局実現はしなかったが、代わりに、南東端の1棟の完全な〝復元〟がつくられた。

北西端から連続するガラスのファサードが途切れると、復元棟のベージュの外壁が現れ、その先に公衆トイレを背後に建つ1層分のガラススクリーンが現れる――たとえレプリカであっても、この1棟があるおかげで、建築の担うべき公共性に応えようという、建物の意思が、明確に伝えられている。

結局、プロジェクトを実現に導いたのは、人間同士の〝対話〟という当たり前の行為の積み重ねだった。

同潤会青山アパートの復元棟。
撮影＝松岡満男

## 建築から都市へ

東京の都市空間は、ここ数年新たな動きを見せ始めている。バブル経済が破綻して以降、経済の不況につられ停滞気味だったのが、90年代後半からの〝規制緩和〟〝構造改革〟の影響で、再び超高層ビルがつくられるようになり、2000年を過ぎたあたりから、巨大開発プロジェクトが続々と姿を現した。

ちょうどこの時期から〝若手建築家の手掛ける都心の狭小住宅特集〟など、一般雑誌で〝建築〟が盛んに取り上げられるようになったことからも分かるように、こうした都市の変化は、これまで郊外に住まいを求めていた人々の〝都心回帰〟現象と深く関わっている。都内の再開発エリアは分譲マンションブームに沸き、オフィスビルについては供給過剰を懸念する〝2003年問題〟が騒がれるほど、多大なエネルギーが、東京の都市空間に注がれた。

高度経済成長下での都市建設と、今日の民間資本主導のそれとを比較しての一番の違いは、〝量より質を〟という開発戦略の転換だ。それぞれの計画ごとに、文化都市、環境都市といったキーワードを打ち出し、かつてのような経済効率だけの事業ではないことを積極的にアピールする。〝メディアシップ〟と称し、情報発信基地という性格を前面に打ち出した〈表参道ヒルズ〉も、この流れの中にある。

一連の大型開発プロジェクトについては、賛否両論いろいろな意見があるが、私自身は、六本木ヒルズなどが商業ベースの計画にもかかわらず、高地価の立地で美術館などの文化施設を組み込んだことは、日本の都市にとって大きな変化だったと思う。続いて完成した国立新美術館、東京ミッドタウンと施設が連携していけば、上野にならぶ新たな文化圏が六本木に出来る。だが、気になるのはそれらの施設の持続性だ。あくまで商業施設の一部としてある以上、利回りを追求する資本側の要求があれば、収益性の低い文化施設が真っ先に撤退してしまうという可能性は大いに有り得る。

しかし、都市の豊かさとは、そこに流れた人間の歴史の豊かさであり、その時間を刻む空間の豊かさだ。人間が集まって生きるその場所が、商品として消費されるものであってはならない。旧同潤会青山アパートは、建物が時間に耐えて建ち続ける中で、閑静な住宅地から徐々に手を加えられて、新旧の入り混じる魅力的な場所へと姿を変えて都市に生き続けた。

この社会の変化を受け止める許容力、そして時間をつないでいける強さこそが、消費文化に侵されきった現代の建築に、今もっとも必要なものだろう。旧アパートの跡につくった〈表参道ヒルズ〉は、その課題に対する、私なりの一つの解答だった。

表参道と表参道ヒルズを俯瞰する。
明治神宮の森へと続く緑地軸。
撮影＝藤塚光政（写真提供＝カーサ ブルータス／マガジンハウス）

# 第5章
# なぜコンクリートか

荒木経惟

## アントニオ・ガウディの建築

20世紀の偉大な建築家の一人に、スペインのアントニオ・ガウディがいる。現在のバルセロナの重要な観光資源であるサグラダ・ファミリアを構想した建築家として、よく知られた存在だ。ガウディの建築の特徴は、全面を装飾で覆い尽くした外観、グニャグニャと波打つ曲面の屋根、植物を模したような柱と天井といった、過剰なまでの装飾性にある。合理主義の近代建築とは正反対の、造形的な建築である。

だが、一見〝非合理的〟に見えるガウディの建築は、実は構造的にはヨーロッパの伝統的な組積造として、非常に合理的に出来ている。なぜ同じ組積造で、ガウディだけが、あれほど複雑な形をつくることができたのか。それは〝カタルーニャ・ヴォールト〟と呼ばれるカタルーニャ地方独自の伝統技術があったからだ。この工法の特徴は、薄くて軽い板状のレンガを用いることで、それを接着し組み合わせることにより、普通の厚手のブロック状のレンガでは出来ないような自由な形をつくることが出来る。

ガウディが活躍した1900年前後は、エッフェル塔に象徴されるような、鉄やコンクリートといった近代的な工業材料や、それを加工・構築する工法が一般化しつつあった時代だ。記録によると、こうした新しい時代の技術をガウディは充分学習していたようなのだが、バルセロナという当時のヨーロッパにあっては辺境の地の社会が時代に追いついていなかった。未来の可能性を知りながら、それに背を向けてつくらざるを得ない状況に、建築家は立たされていたのだ。

しかしガウディは、あきらめなかった。カタルーニャ・ヴォールトという伝統的技術に正面から向き合い、その構造的限界（力学的に可能な限界の形状）を突き詰めることで、表現の限界をも突き破り、結果的に、現代建築をはるかに超えた豊かな空間世界へと到達したのである。

ガウディ建築のイメージの源泉について、動物の体内であるとか、カタルーニャの

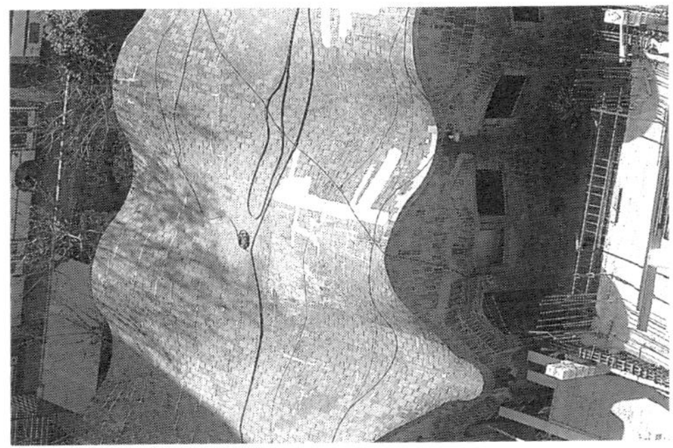

カタルーニャ・ヴォールトを駆使した、ガウディのサグラダ・ファミリア付属学校。撮影＝筒口直弘

大らかな自然であるとか色々な見方があるが、私は「たとえ時代に見捨てられた技術であっても、その限界を突き詰めることで、新しい可能性を切り拓いてやろう」とした創造者としての挑戦精神こそが、あの類まれな建築造形の本質のように思えてならない。

## コンクリートにこだわる理由

ガラスの多用が一般的となった現代にあって、私がコンクリートの建築にこだわり続けているのも、それが自身の創造力の限界を試す〝挑戦〟であるからだ。

鉄筋コンクリートは、セメントと水と砂利に鉄筋があれば、どこでも自由な形をつくることの出来る、現代を象徴する建築工法だ。約100年前に実用化され、20世紀近代建築の歴史とともに発展してきた。日本でも都市の不燃化のためにと、関東大震災後に導入が始まり、戦後、公共建築と集合住宅を中心に一気に普及していった。

だがコンクリートは、耐震、耐火、耐久にすぐれた近代的材料ではあっても、その素材感自体は決して美しいものではない、と考えられていた。あくまで建物の基礎をつくる裏方の存在と捉えられていたのである。

建築の世界では、ル・コルビュジエやルイス・カーン、日本でも丹下健三などが、打ち放しコンクリートのブルータルな表現を試みていたが、それもいわばハイ・アー

双生観の茶室。床、壁、天井すべてコンクリートでつくられた。
撮影＝新建築写真部

事務所のスタート直後は、
現場のコンクリート打設日には、
職人の中に割って入り、私も竹棒を握った。
だらしのない職人がいれば、
殴りつけてでも、
全力を尽くすよう叱咤した。
コンクリートの成否は、
人間関係の確かさにかかっていた。

トの世界の話である。コンクリートといって人々が思い浮かべるのは、もっぱらダムや橋梁といった、強度と機能を満たせばよしとされる土木構築物だった。

実際、70年代に私がコンクリート打ち放しを使い始めたのも、美学的な意図からだけではない。内外の壁を一体に仕上げられる打ち放しは、限られた予算と敷地の中で可能な限り大きなスペースをとりたいという要求に対し、もっとも簡単で、また（当時においては）コスト的にもっとも安価な解決方法だったからだ。

だが、最初の住宅から数件、コンクリートを扱っているうちに、私はこの材料、工法の持つ大きな可能性を感じるようになった。まず型をつくって流し込めば、どんな形も自在に、しかも一体的につくれる可塑性である。これは、彫刻的に建築をつくることができるという意味ではない。自分がつくりたい空間を、もっともプリミティブな形で表現できる、という意味で私にとっては魅力だった。

その一方で、コンクリート打ち放し工法には、工場での品質管理の出来ない〝現場仕事〟であるために、条件によって仕上がりがまったく違ってくる、という難しさがあった。そしてそれは同時に、面白さでもあった。一口にコンクリートといっても、コルビュジエのラ・トゥーレット修道院のような力強いラフな表現もあれば、カーンのキンベル美術館のような端正で硬質な表現もある。つまり、建築家の思いを表情として表せる、多様さを持った材料ということだ。

むろん可能性があるといって、すぐに自分なりの表現が見つかる訳ではない。誰にでも開かれた手段は、言い換えれば他者との差異化を図りづらくする方法でもある。

だが、特殊な手段で個性を目指すよりも、当たり前の方法で、誰にも真似できないものをつくるほうが、難しい分、つくる〝夢〟がある。

そして私は、材料をコンクリートに絞り、構成も幾何学的な形を守りぬくという単純な枠組みを自らに課しながら、その中に、複雑多様で、豊かな空間を生み出す挑戦を始めたのである。

## 自分なりのコンクリートを探す

装飾を排し、素材感を素直に表現するという美学は、初期モダニズムの基本原理であったが、同時にそれは、日本的建築の感性でもある。その意味で、私が生成りのコンクリートでつくろうとしていたのは、現代の〝民家〟だったともいえる。人々の心に、ただ空間体験だけが残っていくような、簡素で力強い空間。壁の切り取る空間のプロポーションと、差し込む光ですべてが語れるような、裸形の建築。

そのイメージを実現する壁には、力強さよりも繊細さが、荒々しさよりも平滑さ、手触りの柔らかさが求められる。つまり、日常生活のごく間近にあって、木と紙の建

ドイツのヴィトラ・セミナーハウス。
コンクリートの壁に木立のシルエットが映り込む。
撮影＝新建築写真部

築に慣れ親しんだ日本人の感性にも応えられるコンクリートだ。

滑らかな触感を出すには、コンクリート中の水分を増やし、流動性を上げればいい。だが、あまり水分量が多いと、耐久性が落ちてしまう。ならば出来るだけ固練りのコンクリートを、出来る限り丁寧かつスムーズに打つしかない。課題は明確で、ごく当たり前のことなのだが、この当たり前が難しい。

まず、最適の水とセメントの調合、鉄筋とスペーサー、鉄筋同士の間隔の取り方、型枠パネルの精度といった基本的なチェックを徹底して行った。最後は人間の手仕事とならざるを得ないからこそ、具体的な数字で技術的課題を明確にする必要があった。

他にも、打設後のコンクリートの離れをよくするための型枠の仕様など、試行錯誤の中で、一歩一歩、技術を蓄えていったが、経験を積むうちにはっきりしたのは、結局、一番大切なのは、現場で働く人間の〝気持ち〟だということだった。型枠に流し込まれるドロドロとした砂と砂利とセメントの混合物。それがびっしりと編みこまれた鉄筋の間をすりぬけて、型枠の隅々まで行き渡るまで、監督も職人も、木槌と竹棒をもって走り回る。そこでの彼らの目的意識の高さ、つまり〝いいコンクリートを打ちたい〟という思いが、そのまま仕上がりに表れるのだ。

事務所のスタート直後は、現場のコンクリート打設日には、職人の中に割って入り、私も竹棒を握った。だらしのない職人がいれば、殴りつけてでも、全力を尽くすよう叱咤した。いかにしてつくり手にモノづくりとしてのプライドを発揮してもらえるか、コンクリートの成否は、建築家と現場の間の人間関係の確かさにかかっていた。

## 次の時代のコンクリート

パネル型枠の割付けからPコン、クギ位置まで含めてデザインする、私のコンクリート打ち放しの基本スタイルが出来上がったのは、〈住吉の長屋〉の一つ前につくった住宅（〈双生観〉）だったと記憶している。数件の試行錯誤の末の、小さな工務店の優秀な若い現場監督との幸運な出会いが、私なりのコンクリートへと導いてくれた。

以来、今日まで三十数年間、コンクリートとの格闘を続けている。時代と共に品質改良が進み、今では普通の生コンのポンプ打施工で、マニュアル通りにやれば、誰でもそれなりに美しい仕上げが可能になった。だが、それでも「型枠を外してみないと分からない」のがコンクリートだ。とりわけ海外での仕事となると、そもそもコンクリート打ち放しの経験が現場にない場合もある。これまでのノウハウをそのまま適用できないこともある。ともかく、コンクリートは1回1回が真剣勝負、いくら慣れていても気を抜くことは出来ない。

今後も、コンクリートをもって、さらなる建築の可能性を追求していきたい……と

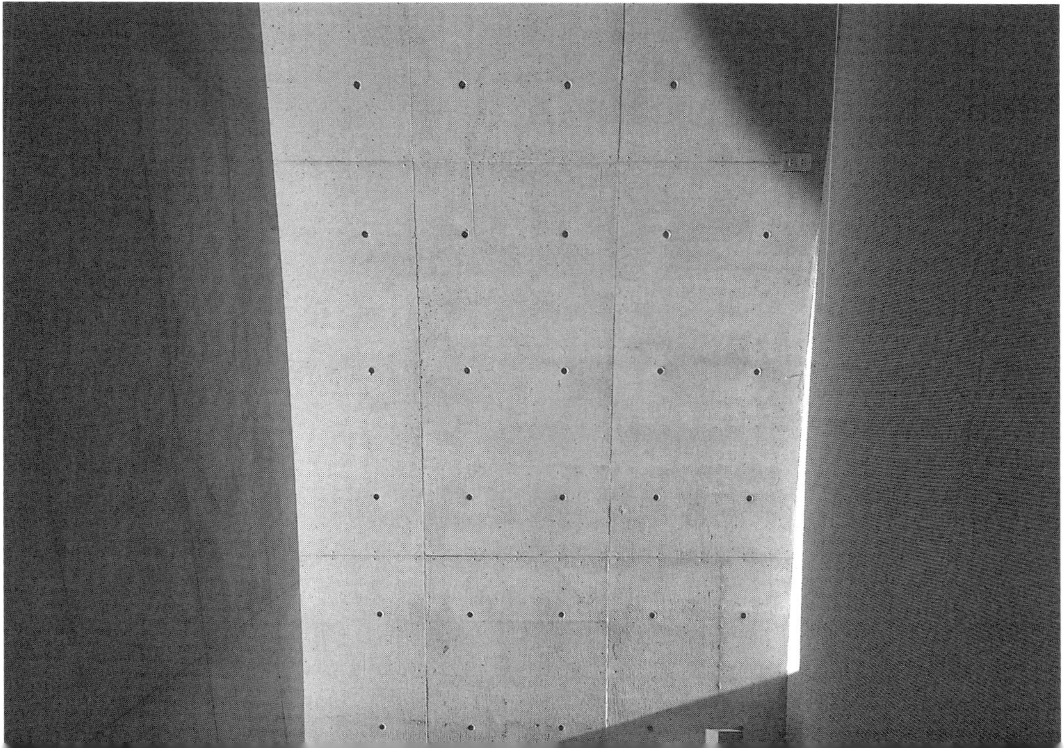

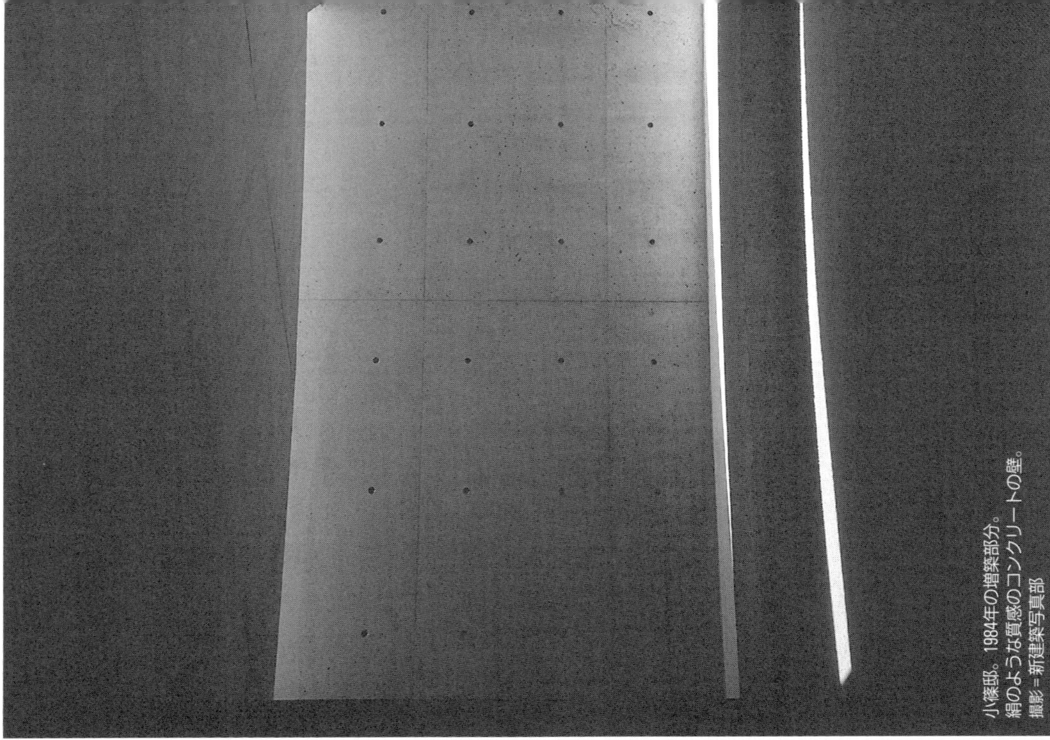

小篠邸。1984年の増築部分。
絹のような質感のコンクリートの壁。
撮影＝新建築写真部

いいたいところだが、そう単純にはいかない。21世紀の世界が直面している資源・環境・エネルギーの問題に対し、今日我々が用いている現場打ちコンクリートの技術が、説得力を持たなくなっている現実があるからだ。

現在の産業、技術社会がすべて環境を主題に進んでいる中で、存在自体が環境破壊であり、その点もっとも責務を負うべきである建築だけが、現行の制度や既存の技術の制約から抜け出せず、時代に乗り遅れている感がある。コストや施工上の問題など、簡単にはいかないのは確かだが、だからといって、いつまでも未来に対する責任を回避することもできない。

既に、研究開発レベルではいくつかの方向性は見えている。例えば全産業廃棄物の半数を占めるといわれるコンクリート廃材を再利用する、リサイクル・コンクリートの実用化。型枠の廃棄問題の解消のための、現場打ちならぬ工場生産ＰＣ（プレキャスト・コンクリート）の導入。さらにはＰＣ部材のリユースをシステム化するというのもある。いずれにせよ、生産工程のシステム化が進み、現場での手仕事の領域がせばまっていく方向なのは間違いない。

だが、ここまでコンクリートの建築を追求してきた以上は、次の時代のコンクリートに積極的に取り組んでいきたい。そして、もう一度、その限界を超えて、自分なりのコンクリートの表現を見つけたいと考えている。

本福寺水御堂。水の風景に溶け込むコンクリートの壁。

# 第6章
# 断崖の建築、限界への挑戦

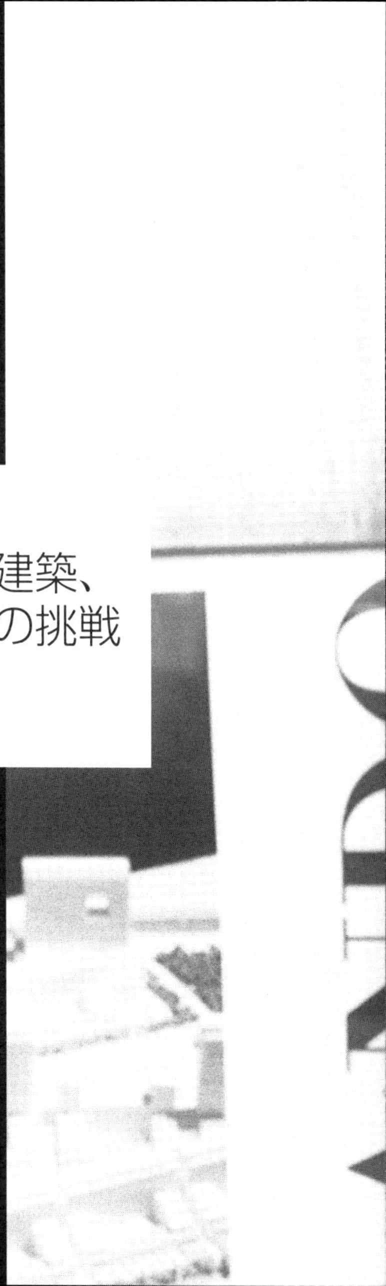

荒木経惟

## 現代の懸造り

鳥取県三朝町の三徳山の山腹に、三仏寺投入堂という懸造りのお堂がある。懸造りとは、平坦地でなく崖地につくられた建物の形式のことだ。有名なところでは京都の清水寺本堂がそうだが、立地の凄まじさではやはり三仏寺投入堂が一番だろう。

山陰の奥深く、人里離れた山中で、岩肌むき出しの断崖のくぼみに貼りつくようにつくられた木造のお堂――なかでも目に付くのは、崖下に向かって下ろされた、長さも位置も不ぞろいの細い柱である。伝統的な建築形式にとらわれない、その自由な佇まいが崖地の緊張感を一層増しているように見える。「投入堂」の名は、その昔、修験者が空中で組み立てたお堂を崖に投げ入れてつくったという伝説からきているというが、確かにそのような逸話にふさわしい幻想的な建築である。

それにしてもなぜこのような場所でつくらねばならなかったのか。もっとも的確な説明は、日本人特有の自然に対するアニミズム、いわゆる山岳信仰のなした業だとするものだ。行者たちは日々修行に励みながら、豊かな自然の作り出す地形のうねりの中に、精神的世界に近づく手がかりを見出したに違いない。

ただ私はそうした文脈に加えて、あのような危険な場所での、それこそ命懸けの建設を進めた原点には、やはり人間の純粋な挑戦心といったものがあったのではないかと思う。建物がつくられることを完全に拒絶するかのようにそびえる峻厳な自然、そこに何とかしてつくってやろうというチャレンジ精神――。

1983年に〈六甲の集合住宅〉が完成したとき、ある雑誌の紹介記事に「現代の懸造り」というタイトルがつけられていた。無論、計画の途中で、山間の古建築に思いを馳せている余裕などなかったが、言われてみればなるほどと思わされた。このプロジェクトもまた、斜面地の磁力に喚起された、人間の挑戦心から始まった仕事だったからだ。

懸造りの三仏寺投入堂。

危険な場所での、それこそ命懸けの
建設を進めた原点には、
人間の純粋な挑戦心といったものが
あったのではないか。
建物がつくられることを完全に
拒絶するかのようにそびえる峻厳な自然、
そこに何とかしてつくってやろうという
チャレンジ精神——。

## 死地につくる建築

「六甲山の麓で分譲住宅を計画している。相談に乗ってほしい」と依頼を受けたのは、1978年の春だった。

当初用意されていた敷地は、山裾の、斜面を削って宅地にならした土地だった。敷地を前にクライアントは、「この辺りに60坪くらいでつくりたい……」という話を始めた。が、私はその平地の背後にそそり立つ急勾配の傾斜地の方に強く惹かれていた。話の途中で「後ろの崖地はどうするのですか」と問うと、クライアントは「どうせ何もつくれない死地ですから、擁壁を立てるしかないでしょう」と言う。

確かに、60度の傾斜地での建設は困難を極める仕事にちがいない。だが、その困難を乗り越えてつくれば、眺望にすぐれたかけがえのない住環境が得られるのではないか。既に、私の中では「つくるのは斜面地の集合住宅だ」という思いが固まっていた。

崖地の方を敷地にしたい——。

思いもよらぬ建築家の提案にクライアントは戸惑っていた。しかし、執拗に迫る私の勢いに根負けしたのか、ついに斜面地につくる建築プロジェクトを了承してくれた。

　戦後日本の都市開発を象徴するものの一つに、自然を切り崩し、段状に均された造成地の風景がある。東京でも大阪でも神戸でも同じ、合理性というより経済性だけでつくられた風景だが、高度経済成長期には誰もその是非を問わなかった。
　しかし続々と生まれる新興住宅地に実際人が住むようになり、5年、10年と年月を重ねていくにつれ、徐々に問題は顕在化していく。新興である以上、何の歴史も記憶もないのは仕方ない。だが、ひたすら同じような形の建売住宅が連なる風景の中で、一体何を手がかりに自分たちの居場所をつくっていけばよいのか。〈六甲の集合住宅〉の計画がスタートしたのは、そんなふう

六甲の集合住宅、スケッチ。

に、日本社会全体が住まいに対し、量よりも質を求め始めた頃だった。

私が考えていたのは「神戸という場所にしか出来ない建築」である。大阪〜神戸間は、南は瀬戸内海から大阪湾にひらけ、北に六甲の山並みの迫る、海と山に挟まれた東西に細長い土地だ。そこに7本の川が流れており、風水学的には絶好の立地にある。山の緑を背に南は海へと眺望が拡がる、その類稀な立地特性を、六甲の山裾の斜面地なら、最大限に活かせるのではないか——。

実は、地形を生かす集合住宅のアイディアを考えたのは、このときが初めてではなかった。六甲のプロジェクトから遡ること7年、1976年に私は私鉄の六甲駅よりふたつ東の駅、岡本というところで、斜面を利用した小規模な集合住宅を計画していた。〈岡本ハウジング〉と名付けた、この集合住宅プロジェクトは、実際に建つには至らなかったが、未完のまま終わったその計画案が、思考の底に沈殿していたのだろう。敷地を訪れた瞬間に、確かなイメージが心に描かれていた。

## 法規制の壁

「世界の集合住宅の歴史に残るような建築にしよう」と意気込んで臨んだ〈六甲の集

合住宅〉だったが、いざ設計に入り構想を現実に移していく段階になると、まず法規制という大きな障壁に直面することになった。

具体的には第一種住居専用地域という用途地域の高さ制限である。斜面に併せて上までつくっていくと、自然と10階建てくらいになるのに、法律上は10メートルの高さまでしかつくってはいけないという。

しかし「高さ制限」とは、敷地単位のヴォリュームを規制することで、都市における土地利用の調整と環境保護を図るための都市計画的な建築基準としてあるものだ。六甲のプロジェクトにおいて、たとえ結果的に10層になろうとも、私は斜面に併せて自然の中に

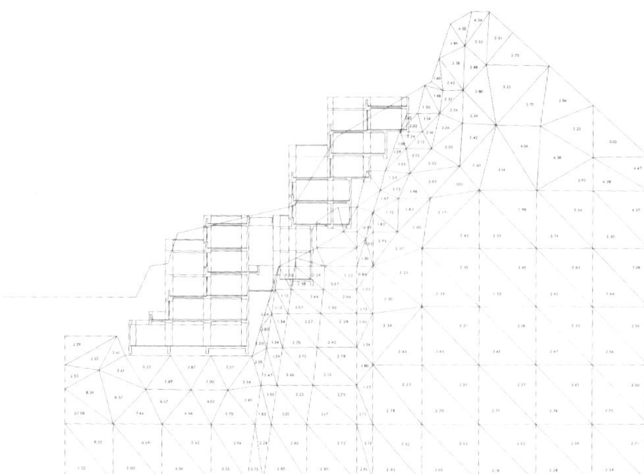

六甲の集合住宅Ⅰ、断面図。

埋設させるようにしてつくる建物が、景観を壊したり、何か他所に害を及ぼすようなものになるとは断じて思えなかった。そこで法を遵守した上で、思い通りの建築をつくる筋書きとして「最下層部を高さを測る基準面として捉え、10層でも、斜面にあわせ、高さ3メートルごとに基準面も上がっていくと考えれば、基準法上はいずれも10メートル以下に抑えられている」という理屈を組み立て、役所との協議に臨んだ。

担当官も当初は難色を示していたようだが、こちらの法解釈の考え方を丁寧に説明すると、意外に話はスムーズに通った。私としては、土地を乱開発するどころか、その力を最大限引き出すような建築をつくろうとしているのだから、必ず、役所も理解してくれるという思いもあった。

## ギリギリの建築

初めて実現の機会を得た集合住宅の計画にあたり、私が目標としたのは2点。1点は、各住戸の面積、間取りが全て異なるようなヴァリエーション豊かなプランをつくること。もう1点は、集合住宅内部に路地を引き込んだような人間的で親密なパブリックスペースをつくること。その上で、斜面地という立地特性をどこまで構成に活かせるか、力を尽くした。

六甲の集合住宅Ⅰ、スケッチ。

こうした意図を形にしていく手段として、私は平面形状も断面形状も不規則な自然の地形に、あえて等質なフレームの構成を当てはめようとした。不規則なものに、規則的な形を持ち込むわけだから、当然そこに立体的なズレが生じてくる。そのズレによって出来る隙間を結んで、パブリックスペースとし、これに多様な形式の住戸が独立住居のように接続していく、というイメージである。

下の住戸の屋根を上の住戸のテラスとして使うなど、戸建住宅にはない、集まって住んでいるがゆえの豊かさが実感できるような集合のかたちを考えていった。

これは言葉にすると簡単なようだが、

立体フレームという単純なユニットの操作で、豊富な住戸プランをつくり、変化に富んだパブリックスペースをその隙間を使ってつくろうというわけだから、実際には容易な仕事ではない。構成が煮詰まるまで、何案ものプランをスタディし、いくつもの模型をつくった。

計画の肝ともいうべき地盤の解析には、78年当時、設計の現場に導入されたばかりであったコンピュータを駆使した。実際、膨大な情報を迅速に処理できる新技術なくしては、複雑な岩盤の応力の解析はほとんど不可能だったと思う。建築の構造の解析なども、私たちの若い頃は、計算尺というものを使っての手計算だったが、その後、優れた計算機が登場し、そしてコンピュータが導入されていった。

冒頭で「現代の懸造り」という言葉を出したが、単に崖地につくるという条件に倣ったというのではなく、時代の建設技術の粋を尽くした、ギリギリの条件でつくられた建築だったのである。

## 命がけの工事

厳しい法規制の問題をクリアし、集合住宅としてはイレギュラーな構成と建設コストについて何とかクライアントの同意を取り付け、さあ工事を始めようというときになって、思いもよらぬ所で最大の障壁に直面することになった。あまりに悪条件の工事ゆえに、仕事を請け負ってくれる建設会社が見つからなかったのだ。下手をすると土砂崩れを起こしかねない危険な立地条件に、大手の会社は躊躇した。最終的に手を挙げてくれたのは、この仕事が会社全体の年間完工高の半分になるという、地元の小さな建設会社だった。

小さい会社ゆえ、社員も若い人ばかりで、現場を任されたのはいずれも26歳前後、入って7年くらいの青年二人。私たちの事務所から設計監理の担当者として現場に通うのも27、28歳の若年スタッフ二人。危険な工事に対し、磐石というには程遠い態勢だったが、ともかく彼らには若いがゆえの情熱と、知らぬがゆえの勇気があった。「これはもう腹を括るしかない」と覚悟を決め、工事をスタートさせた。私も40歳だった。

工事は、最初から命がけだった。測量の日は人手が足りないというので、私たちも手伝うことになり、斜面を登ったのだが、60度という勾配は、実際に立ってみると想像以上の急角度。冷や汗をかきながらロープを握ったことを良く覚えている。

若い建設チームは、怖いもの知らずの強みというのか、臆することなく掘削作業を進めていった。敷地頂上から高低差35メートルくらいまできたときは、さすがに目を背けたくなった。まさに奈落の底といった状況の中で、職人たちが仕事をしているのだ。
　特に最初のうちは、雨の日にがけ崩れなど起きないかと随分やきもきしたものだ。しかし、工程どおり仕事を進めていく若い現場監督と付き合ううちに、徐々に不安は薄れていった。若く経験が少ない分、彼らは、各工程に入るまでに入念に研究し、周到に準備をする。中途半端な経験によりかかって仕事をする下手なベテラン監督より、よほど誠実で頼もしい。
　工事が終わるまで、毎日が緊張の連続だったが、工事は問題もなく、予定通りにきっちり仕上がった。今では、若いチームで臨んだことが、逆に成功の鍵となったのではないかと思っている。

六甲の集合住宅Ⅰ、建設風景。

勾配60度の崖地に完成した、
六甲の集合住宅Ⅰ。

## 集合住宅の理想、ル・コルビュジエの構想力

モダニズム（近代主義）が芽生えた西欧の1920年代が画期的だったのは、それまで貴族階級のための芸術家として働いていた建築家が初めて、主体的に自分たちが何をつくるべきかを社会に訴えたことだった。

「誰のための建築なのか、社会は今何を必要としているのか」

そのような発想から自然と導かれたのが、ジードルンク（労働者のための集合住宅）というテーマだった。工業化社会の到来で急激な都市化が進んだ当時、都市は完全な混乱状態に陥り、人々は劣悪な住環境に苦しんでいた。その密集状態を拡散し人々に衛生的な住環境を、比較的廉価で提供することが社会にとって最も急を要する課題となったのである。

そして、時代の要請する新しい都市居住の形をテーマに、建築家による数多くの試みが提案された。その中でも最も物議をかもしたのが、ル・コルビュジエによるユニテ・ダビタシオンのシリーズだったと私は思う。マルセイユにつくられたその第一作を、私は1965年の初めての西欧旅行で訪れている。

斜面に沿って重なるユニットのズレを活かし、陰影深い空間をつくりだしている。
撮影＝白鳥美雄

ル・コルビュジエの集合住宅、
ユニテ・ダビタシオンの屋上プール。
撮影＝二川幸夫／GAフォトグラファーズ

各国を放浪したあと南仏マルセイユで貨客船MMラインの到着を待つ10日あまりの間、毎日のようにこの建築を見に通ったのは、自分にとっての西欧建築行脚の総決算であったように思う。

それはル・コルビュジエの言葉通り、〝都市の居住単位としてつくられた〝都市の中の都市〟としての集合住宅であり、都市に関しては連敗続きであったコルビュジエが初めて実現にこぎつけた記念すべき仕事だった。

鉄筋コンクリート造、18階建ての板状の高層ビルに単身者用から10人の大家族用まで、実に23タイプ337戸の住戸が組み込まれている。全住戸がメゾネットで、それらが立体的に組み合わされ単純な箱に納められている巧みな構成も見事だったが、それ以上に私が感動したのはさまざまなレベルに思い切り良く設けられたパブリックスペースの存在である。
　地上階はブルータルな柱で上部構造を支えるピロティで、住人だけでなく市民が自由に歩けるようになっており、最上階には保育園、その下には幼稚園、加えて屋上はプール、屋内体育館、日光浴室といった共用施設が組み込まれた屋上庭園になっている。住棟内まで入っていけばレストランや理容室といった店舗までがそれなりのしつらえで軒を並べている。
　要するに一つの集合住宅の中に一つの街、共同体が育まれるのに充分な生活要素が封じ込められていたのである。そこには、単に量の供給を目的とした経済的メリットだけではない、集まって住むことでしか得られない豊かさが、はっきりと提示されていた。
　むろんそのすべてが設計者の意図どおりに機能していたとは言えない。しかし、コルビュジエという一人の人間の構想が具体的な構成を持って実現している様に、社会と向き合いゼロから構想した空間の力強さに、私は強く心を動かされた。
　そこに建築家のあるべき姿を見たのである。

一つの集合住宅の中に一つの街、
共同体が育まれるのに充分な
生活要素が封じ込められていた。
そこには、単に量の供給を
目的とした経済的メリットだけではない、
集まって住むことでしか得られない
豊かさが、はっきりと提示されていた。

## 二度目の挑戦、六甲の集合住宅IIのスタート

六甲の集合住宅の計画で目標としたイメージ、即ち地形を活かした構成とし、日本の伝統的な路地のようなパブリックスペースで全体を貫くというアイディア自体は、段状にテラスを重ねる住戸と各所にふくらみをもたせた中央の階段通路の実現で、それなりの成果を収めたように思う。

しかし実際は、ギリシャの土着の集落のような日常的な屋外生活を期待したテラスは、私の意図どおりに使われることは少なく、階段の広場も、20戸のコミュニティの核となるまでの積極的な利用は見られなかった。

エコノミックアニマルと揶揄されたような日本人の生活習慣と、建築家の期待する理想の居住者像の折り合いがつかなかったのだと言われればそれまでだが、私なりに機会さえあれば、次はもっとおもしろい集合住宅をつくってやろうと〝思い〟は強く残った。一つの建築のプロセスが終わりに近づくにつれ、集合住宅という建築のテーマに対する意識は、つくる前よりも一層、強まっていた。

その「次をつくりたい」という願いは思いの他すぐに叶うこととなった。1983

年の六甲の集合住宅の完成と前後して、「隣の敷地に同じく集合住宅をつくろうと思うのだが、その基本構想をお願いできないか……」という冗談のような仕事の依頼が来たのだ。全く別のクライアントだったが、隣の土地で徐々に建ち上がっていく擁壁のような集合住宅に興味を抱き「がけ崩れ止めの擁壁をつくらなければならないのなら、自分のところも集合住宅にしておこうか」と、それくらいの感覚で私に声を掛けてきた様子だった。

酔狂な人もいるものだと思ったが、その人は三洋電機の井植敏会長の実弟だった。井植会長とは、後に淡路島で本福寺水御堂をつくる際、檀家の代表として終始私をサポートしてもらうな

六甲の集合住宅II、スケッチ。

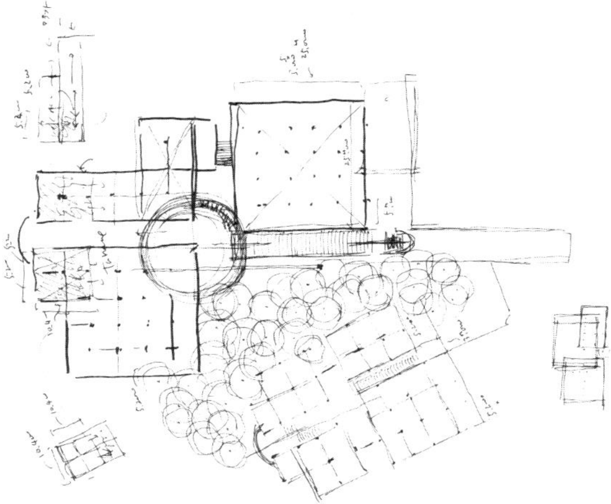

ど、長いお付き合いをすることになるのだが、その最初の出会いがこの〈六甲の集合住宅II〉の計画だった。

〈六甲の集合住宅II〉の敷地はIと同様の急斜面だったが、広さは約4倍、延べ床面積も約5倍の建物と、プロジェクトの規模は飛躍的に大きいものだった。

同じ場所でもう一度集合住宅の建築を、しかもよりゆとりのある条件で考えられるチャンスなど、またとない。

「今度はプールやアスレチック施設など実質的な共有施設を積極的に取り入れたい……住戸間の路地空間は規模の分だけ複雑で面白いものにしよう……テラスの一部は、緑の屋上植栽として、段状の空中庭園をつくれないか」

「せっかく一人の建築家が、一つの場所で集合住宅という普遍的なテーマで二つの建築を考える機会を得たのだから、その二つの建築の間にも、何か積極的な関わりを持たせたい……」

イメージはいくらでも湧いてくる。

同じプログラムの建築を隣接させてつくるわけだから、構成やデザインについて、基本的な部分は先のプロジェクトを踏襲しようと考えた。といって、既にある建築の単純な焼き直しや、規模を拡張しただけというような、つまらない仕事にしたくない。

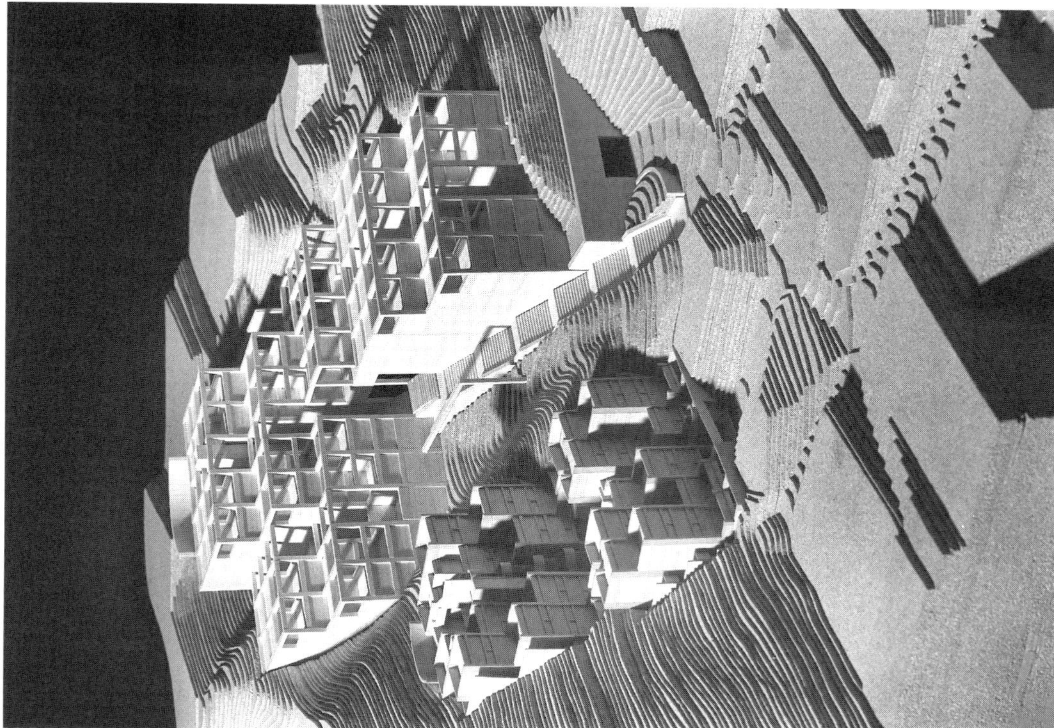

規模的拡大の利点を最大限活かして、前回残した課題を追求し、思いを貫徹させた建築をつくりたい。

六甲山の豊かな緑を背景に、自然に埋もれるようにつくられたコンクリートの建築が、自然に増殖していくようなストーリーを頭に描いていた。

六甲の集合住宅、模型。
撮影＝大橋富夫

## 一番いいところをパブリックスペースに

〈六甲の集合住宅II〉の最重要課題はパブリックスペースの充実だった。まずコンクリートフレームによる三つのブロックを、敷地の谷筋を軸として立体的にズラして配置する。その中央に生まれる隙間のスペースを、各住棟と同時に主要な共用空間をつなぐプラットフォームとなる、屋外大階段とした。

階段を下りた敷地入口には児童公園、階段を半分上ったところには扇形のテラス、その隣は半屋外のプラザ。プラザ上部の階には、前面ガラス張りで屋上植栽越しに神戸の街が一望に見渡せるプールつきのアスレチックスペースを設ける。そして階段を上りきると、うっそうとした緑の庭。いずれのスペースも、敷地内でとくに眺めが良かったり、日当たりが良かったり、人が集まりやすいよどみがあったりと、建物の中でも特に条件の良い場所に配置するよう、考えた。

同時に、IIがつくられることによってIの環境も向上させたいと、IIの敷地内にちょうど二つの建物が共有するような形で緑の公園を計画した。

各住戸以上に共用空間の充実に力を注ぐというのは、常識的な感覚からすれば正反対の発想だろう。こちらの提案するプランのパブリックスペースの占める割合の大きさに、クライアントも「無駄が多すぎるのでは？」と最初は難色を示した。それに対し「設備はやがて衰えるときがくるが、建築を構成する考え方は生き続ける。長い目で見れば、この方がよほど質の高く価値のある建築だ……」などと、のらりくらりやっているうちに、ついにクライアントも諦め、大筋は同意してくれた。

「本当にできるのだろうか」と半信半疑で進めてきたものの、意外とスムーズに設計もまとまり、あとは法規面をクリアするだけというところまできて、しかしプロジェクトは一時ストップしてしまった。前回クリアできたはずの高さ制限の問題でひっかかってしまったのである。前例どおり、2階建てが斜面に斬層して建っているのだという説明で高さ制限の話を乗り切ろうとしたのだが、今度は何故か受け入れてもらえない。その協議を辛抱強く続けて申請が通るまでに、なんと5年の歳月が過ぎてしまった。それから建設会社をつかまえ、工事を終えるまでに、さらに5年。計画のスタートから実に10年を経て、〈六甲の集合住宅II〉は完成したのである。

六甲の集合住宅IIのアプローチの大階段。
撮影＝松岡満男

建物の中心につくられた半屋外のプラザ。
(六甲の集合住宅II)
撮影＝松岡満男

屋上の緑(六甲の集合住宅Ⅱ)。
撮影＝松岡満男

神戸の街を一望する(六甲の集合住宅II)。
撮影＝松岡満男

28歳で何のあてもないまま設計事務所をスタートさせた時から、「仕事は請けるものでなく、自分でつくるものだ」と考えてきた私が、一つの場所で二つの集合住宅をつくりながら、三つ目の計画を考えないわけがない。

第II期を建設中の1991年頃、敷地の裏側にある神戸製鋼の社員寮に目をつけた。せっかちな私は、知り合いの伝ですぐに神戸製鋼社長にアポイントをとり、老朽化した社員寮を建替え、六甲の集合住宅I、IIに連なる斜面地集合住宅をつくらないか、と話をもちかけた。むろん丁重に断られたのだが、この時点で私の中ではすでにプロジェクトはスタートしていた。

クライアントの発注もないまま、自主的に始めたプロジェクトながら、自分なりに課題は見つけていた。プレファブリケーション技術の導入による、コストダウンである。六甲の集合住宅I、IIは、山手の高級住宅地につくられた賃貸でない分譲住宅であり、加えて大規模な造成工事を要する敷地条件、さらにIで20戸、IIで50戸という戸数の少なさもあって、その価格は日本の住宅水準と照らして決して安くはないレベ

プール付きのアスレチックスペース(六甲の集合住宅II)。
撮影＝松岡満男

ルのものだった。居住者の半数が外国人という現実を踏まえてみても、そもそも私が思い描いたような日本の集合住宅の一般解となり得る性質の事業ではなかった。

そこで、III期では、集まって住む豊かさという主題は貫きながら、限られたコスト条件の中で何が出来るのか、というI、IIとは次元の異なる課題に挑戦することにしたのである。技術的・コスト的なスタディを詰めながら、スケールの異なる模型をいくつもつくり、挙句にI、II、IIIをあわせて、一つの街とするような環境整備を整えようと言うところまでイメージを膨らませていき、神戸製鋼の反応も徐々に和らいではきていた。しかし、やはりこの案が日の目を見ることはなさそうだった。

ところが、1995年1月17日の阪神淡路大震災で、状況は一転する。既存の寮施設が、建物自体は大して傷まなかったものの、設備がほとんど使用不可能に陥ってしまったという。さてどうするかということになって、彼らは頼まれもしないのに勝手に画を描いている私の存在を思い出し、改めて仕事の依頼をしてきたのだ。プログラムは異なるものだったが、既に仮想のプロジェクトとして概念図はほぼ煮詰まっていたから仕事も早かった。即座に図面を整え、法手続きを済ませ、3ヶ月後には工事を始めていた。単なる不動産事業ではない、復興住宅としての意味合いを持ったプロジェクトだけに、何よりスピードが優先されたのである。

## 集まって住む豊かさ

日本人の特質の一つとして、異常なまでの持ち家志向の強さがある。その日本人が土地の所有権は共有者間で按分された集合住宅に住むのは、経済的理由以外にはない。

しかし、例えば旧い長屋の並ぶ街区の濃密な路地空間の温もりと、都市郊外の無味乾燥な分譲住宅の建ち並ぶ光景と、どちらが豊かかといえば、答えは明らかだ。問題は、集まって住む豊かさを体現できない集合住宅のあり方、その豊かさを知ろうとしない人々の住まいに対する意識にある。

核化し、より他者への無関心が普通になっている現在、独立した家族が共に集まって住まうには、それによってしか得られない安心や安全といった精神的な価値を得られることも大切だろう。集合住宅ならではのパブリック空間をどれだけ意味のあるものに出来るか——。管理の問題もあり、なかなか簡単にはいかないが、共に時を過ごしていけば、ゆっくりでもコミュニティは育つはずである。

今は六甲での四つ目の建築として計画していたプロジェクトがクライアントを得て、工事に着手するまで進んでいるところだ。もう20年をかけて、現代建築による、斜面地の集落のような風景をつくっていくことが出来ればと、私は夢に描いている。

六甲の集合住宅I、II、III。
撮影=松岡満男

# 第7章
# 継続の力、建築を育てる

撮影＝荒木経惟

## 日没閉館

1990年代の終わり、滋賀県にある農業公園の中に、小さな美術館をつくった。画家織田廣喜の作品を展示する〈赤い帽子　織田廣喜ミュージアム〉だ。

その建築のイメージの源泉となったのは、戦後間もない頃、画家とその家族の生活風景を写した写真だった。

画家自身が廃材を用いてつくった、電気もガスも水道もひかれていない粗末な家。そのバラックの中で、画家は、日のある間はひたすら絵を描き、日没と共に寝るという生活を送っている。そして画家と共に、慎ましく、健やかに生きる家族の情景——。

そんな画家の作品だからこそ、写真に写された情景そのままに留めておきたい。そう思った。その結果生まれたのが、人工照明を一切使わない、自然光のみの美術館というアイディアだった。

作品の保護を第一に考えるならば、展示室は、一様に管理された人工的環境としてあるべきである。だがそれは、ある意味で作品を標本化し、仮死状態にすることであり、本当の意味で作品を〝生かしている〟とは言えない。

より自然に近い環境に置かれることで、絵も人間と同じく老いていくかもしれないが、そうした限りある時間の中でこそ、〝生きる〟絵もあるだろう。模範解答とはなり得ない考え方かもしれないが、少なくとも、織田廣喜の絵には、そうした終の棲家としての美術館が相応しいように思った。

建物は、農業公園の豊かな緑に包まれた池の水際に、緩やかな弧を描いて建つ。池に面して、ガラスの回廊の背後に設けられた展示室への採光は、壁に沿って穿たれたトップライトからの光のみ。季節や時間によって、光は変化し、空間と作品もその表情を変える。自然に息づく美術館の閉館は日没時である。

自然光のみの美術館。織田廣喜ミュージアム。
(現「ブルーメの丘美術館」)
撮影＝大橋富夫

## 原点から問い直す

新たな建築に向かうとき、いつも意識するのは、「その建築が何のためにつくられるか」と、原点、原理に立ち返って考えることだ。そうして、既成概念にとらわれずに、物事の背後にある本質を見極め、自分なりの答えを探していく中で、日没閉館のようなアイディアが生まれてくる。

だが、こうしたラディカルな姿勢は、ときに社会との衝突、摩擦を生じる。建築の世界において、特にそれが痛感されるのは、いわゆる公共事業の仕事である。

私が、公共の仕事に関わるようになったのは、設計活動をスタートして20年、1990年代に入った頃からだ。それまで都心部での小規模な住宅、商業建築の設計を中心に活動を展開してきた私にとって、恵まれた立地環境の中、ある程度のスケールで文化的プログラムを考えられる公共施設の計画は、大きな挑戦であり、やりがいのある仕事だった。だが、実際に取り組んでみると、そうした建築的なテーマとは別の、次元の異なる課題があることに気付いた。

いわゆる前例主義と言われるような、ともかくリスクを避けて、平均的で無難であることをよしとする、行政サイドの消極的な姿勢の問題だ。

光とともに作品の見え方も変わる(織田廣喜ミュージアム)。
撮影＝松岡満男

顔の見えない利用者におもねり、ああしてはいけない、こうしてはいけないと、ただただ規制するばかり。そもそも何のためにつくるのか、という根本の思想がしっかりとしていないから、美術館でも収蔵作品の性格に応じて、施設のあり方を変えるというような、柔軟な発想が出てこない。

その中で、自身の思うパブリックの建築、つまり、立地環境を最大限に活かして、そこにしかない個性的な建築をつくっていくには、ときに施設の企画段階から建築家が踏み込み、関わっていく必要があった。

豊かな自然環境の中に建築を解き放ち、敷地を目一杯使って子供が自由に学び遊ぶための〝庭〟としてつくった〈兵庫県立こどもの館〉。周囲に古墳が点在するすぐれた歴史的環境にあって、その風景との対話こそを第一に考え、建物の屋上を全て階段広場とした〈大阪府立近つ飛鳥博物館〉。阪神淡路大震災からの復興のシンボルとして、神戸市臨海部の再開発地区に、市と県の境界を超えて一体的につくった、水際の芸術公園〈兵庫県立美術館〉と〈神戸市水際広場〉――いずれの計画においても、プロジェクトの核心は、建築の形以前の、制度との折衝の時間にあった。

だが、公共施設の本当の問題は、建物が完成した後の時間にある。その建物がどのように運営され、地域の人々の生活に息づいていくのか。すなわち、箱の使われ方の問題である。

公共施設の本当の問題は、
建物が完成した、
その後の時間にある。
その建物がどのように運営され、
地域の人々の生活に息づいていくのか。
すなわち、箱の使われ方の問題である。

　バブル経済の崩壊以降、公共建築はしばしば〝ハコモノ行政〟と、地方自治のゆがみの象徴のように言われた。この点、建築家にも責任の一端はある。その場所に施設をつくることで、どんな可能性が生まれるか。箱をつくる側の人間と使う側の人間、ソフトとハードの対話を、計画の初期段階から、もっと積極的に行えば、少なくとも地域住民がその施設の存在も知らないというような事態は起こらないだろう。

　私も、つくり手は自分の関わった建築にはそれが建ち続ける限り責任を持つべきだという考えを持っている。例えば〈近つ飛鳥博物館〉や〈狭山池博物館〉では、環境整備と町おこしを兼ねたイベントとして、建物周辺に、住民の手でそれぞれ梅と桜の木を植える運動を仕掛けている。また〈淡路夢舞台〉では、完成以来、年に一度、建設に関わった人間数百人が集まって〝同窓会〟をやっている。集客の助けになればというのと、自主的なメンテナンスの機会にしようという狙いで始めたものだ。

　他にも、美術館などに建築のプロセスを紹介するコーナーの設置を提案したりと、いろいろ努力はしているのだが、やはり建物はつくるより、育てる方が難しい。育てるには、長い時間、粘り強く継続する意志の力が必要だからだ。

　その意味で、私が可能性を感じるのが、香川県の小島、直島で１９８０年代末より続けられているアートプロジェクトである。

建物の屋上を階段広場にした大阪府立近つ飛鳥博物館。
撮影＝野中昭夫

## 文化による島の再生

直島の一連のプロジェクトは、ベネッセコーポレーション（旧福武書店）という一企業によって企画、運営されている。

始まりは、20年前、当時社長を務められていた福武總一郎氏からの「直島に子供のためのキャンプ場をつくる、その監修をしてほしい」という突然の依頼だった。最初は、正直、無理な計画だと思っていた。離島というアクセスの悪さに加え、当時の直島は長年の金属製錬産業の影響で自然の荒廃が目立ち、過疎化も進んでいた。お世辞にも魅力的とは言えない立地だった。

しかし、福武さんの決心はゆらぐことなく、キャンプ場の第二期工事を始める頃には、そのイメージは芸術と自然とが一体化する場所づくりへと発展、最終的には過疎の島を文化の島として再生するという、何とも雄大でたくましい構想に行き着いた。その思いの強さに共感し、私も本気でプロジェクトに参加することを決意した。

最初の建築プロジェクトである〈ベネッセハウス・ミュージアム〉は、当時世界でも珍しかった、宿泊施設を伴う〝滞在型〟美術館の計画だった。

地形に埋め込むようにつくられた、
ベネッセハウス・ミュージアム。
撮影＝松岡満男

私は、島の南端部、三方を海に囲まれた絶景の岬の上を敷地に選び、その美しい風景を壊さぬよう、地形に沿って埋め込まれたような建築を考えた。

美術館へは船に乗って海からアプローチする。桟橋から望む美術館は、建物の半分が地下に埋もれて見えない。だが、その内部は、地上に穿たれたドライエリアからの光に溢れ、海側にはさまざまな角度で瀬戸内の海景を切り取るテラスが、室内と連続するように自然な形で設けられている。

展示室は美術館の中だけに留まらない。アプローチの途中の芝生の広場から桟橋の上、砂浜まで、文字通り敷地全体をアートの場としていく。内外の入り組む変化に富んだシーンの連続の中に、刺激的なアートワークが突然出現したり消えたりするような、自然に開放された美術館のイメージだ。

国立公園内の敷地ゆえの法規的な制限、離島での工事ゆえの困難など、幾多の問題を乗り越えつつ、１９９２年、〈ベネッセハウス・ミュージアム〉は完成した。だが、それは建設というプロセスの〝終わり〟であるのと同時に、展示室のない美術館にアートを持ち込んでいくという、新たな建築のプロセスの〝始まり〟だった。

単に作品を購入して展示するのでは、私達の目指す〝境界〟を超えた美術館にはなれない。直島のアートディレクターは、建物内外に展開する場所の可能性を読み解き、アートと建築、自然との緊張感ある関係を、それぞれに構築していく道を選んだ。

高低差を活かして地下に光を導く。
（ベネッセハウス・ミュージアム）
撮影＝高瀬良夫／GAフォトグラファーズ

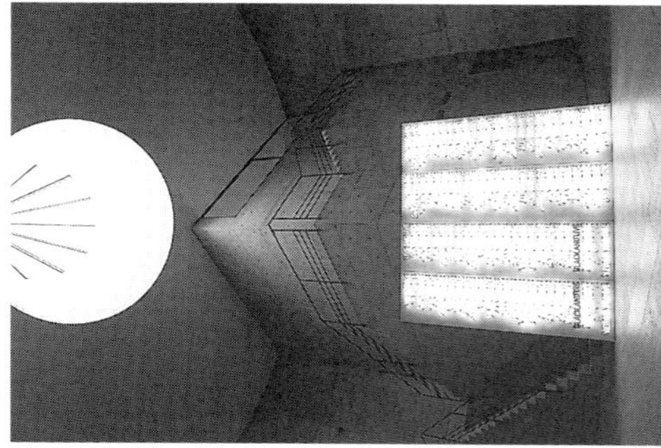
ブルース・ナウマンの作品「100生きて死ね」。
（ベネッセハウス・ミュージアム）
撮影＝筒口直弘

そうして試行錯誤を重ねていく中で、瀬戸内海の流木をモチーフにしたリチャード・ロングのインスタレーションや、旧い桟橋の上で瀬戸内の海景と向き合う草間彌生の「南瓜」など、アーティストが現地を訪れ、場所の雰囲気に応えてアイディアを練り、ときに周辺の住人も協力して作品をつくっていくという、〝直島にしかないアート〟のスタイルが出来上がっていった。

ガラス窓を鉛の巻物の集合で覆ったヤニス・クネリスの作品、テラスの壁を使った杉本博司の「タイム・エクスポーズド」など、展示スペースになるとは想定していなかった場所に、突然アートが登場してくるのは建築家として〝怖い〟気持ちもあった。

だが、そうして建築や場所に挑むようにアートがあることで、空間の質がガラリと変化したり、自然の海景が強く引き立って見えたりする。

アートの展開とあわせ、建築も〝成長〟していった。1995年には、アネックスとして、ミュージアムよりさらに高い丘の頂上に、楕円形の水庭を持つ宿泊棟〈オーバル〉をつくった。予定外の増築であったが、逆にその時間のズレが、自然な建築の展開につながったように思う。その周囲を、時を経るごとに育つ木々の緑が覆っていく——。建築とアート、自然との衝突のエネルギーを得て、美術館は確かに場所に息づいていった。

そして2年後の97年、ベネッセのアートプロジェクトは、美術館という施設の枠組みをも超えて、地域社会にまで広がり始める。ミュージアムから3キロメートルほど離れた島の反対側に位置する本村地区での「家プロジェクト」である。

江戸から明治にかけてつくられた民家の佇む、直島でも旧い集落に、現代アートのネットワークを組み込んでいく、この刺激的かつ大胆な試みは、アートとしてのおもしろさ以上に、過疎化と高齢化が進み空家も目立っていた街に、活気と未来への希望を取り戻すという〝意味〟を持った。まず現代アート作品として蘇った民家を前に、老人と若者との対話が始まり——気が付けば、訪れた人々を地元住民が笑顔で案内する光景が普通になっていた。

「家プロジェクト」に刺激され、自分たちの住む場所に対する自信と誇りを取り戻した住民たちが、町をきれいに見せようと、門に暖簾をかけたり、一輪の花を差したり、自ら行動し始める。文化を糧に島の再生を図りたい、という福武さんの夢は、現代アートによる街づくりという形で、ついに現実のものとなった。

## 地中美術館

人口３５００人の名もなき小島が、海外にもその名を馳せるアートの聖地になった頃、直島に新しい美術館が誕生した。２００４年に完成した〈地中美術館〉である。これは、福武さんにとっても、ずっと一緒にやってきたアートディレクターにとっても、また私自身にとっても、一つの節目の意味を持つプロジェクトだった。

まず建築があって、そこに偶発的にアートが介入していくことでアートスペースを獲得していった〈ベネッセハウス〉に対し、地中美術館では予めクロード・モネ、ジェームズ・タレル、ウォルター・デ・マリアという3アーティストの作品のパーマネント展示というプログラムが定められていた。建築家である私に期待されたのは、アートディレクター及びアーティストとの協働でそれぞれのアートに最も相応しいスペースを準備し、さらにそれらを内包しながらも自立した建築をつくるという、第4の

安藤とジェームズ・タレルのコラボレーションによる、家プロジェクトの2作目「南寺」外観。
撮影＝筒口直弘

アーティストとしての役割だった。

全体のイメージとして、私はベネッセハウスの〝地形と一体化する建築〟というアイディアをさらに純化させたような、地下に立体的に展開する闇の空間を提案した。頭上からの微かな光を道標に、地中の闇を進んでいくと、その先にタレル、デ・マリア、モネのアートを包む光の空間が浮かんでいる――文字通り、外側からは全く形の見えない完全な地下建築のアイディアだ。

依頼を受け、設計をスタートしたのは１９９９年だったが、地下建築という構想自体は、その20年以上前、建築を始めたばかりの頃から、ずっと心に描いていたものだった。地下空間利用というテーマは、現代建築にとって重要な課題であっても、現実には技術以前の経済的な問題で、なかなか受け入れられにくい。１９８５年の〈渋谷プロジェクト〉、１９８８年の〈中之島プロジェクト〉、１９９４年の〈大谷地下劇場計画〉など、これまで私が試みた地下建築の提案は、すべて実現に至らないまま終わっていた。その数十年越しの思いを込めての、地中美術館の計画だった。

地中に埋もれ見えない美術館において、表層的な形の問題は意味を成さない。究極のアートスペースを志向する企画は、私も含めたいずれの作家にしても、挑戦心を掻き立てられるものであり、計画スタート後は、それぞれに熱心なスタディを続けた。しかし全体の枠組みをつくる立場である建築家と、自身の作品からアートスペースのイメージを膨らませていくアーティストとの間には、当然のことながら対立や摩擦が生じる。地中美術館の数年間に及ぶ計画プロセスにおいても、空間のスケールやプロポーションを巡り、私とタレル、デ・マリアとの間でしばしば意見の相違はあった。

しかし、間に立って調整する立場にいたアートディレクターは、それぞれの作家の個性を抑えて調和させるのではなく、逆に異なる個性が刺激しあいながら共生するように、全体を導いていった。この妥協なきコラボレーションの成果が、完成した地中美術館の力に満ちた三つのアートスペースとなったのである。

アートが自然と建築の境界を越えて自由に場所を得ている〈ベネッセハウス〉が直

地中美術館のアプローチ。
わずかな壁の傾きが緊張感を生み出す。
撮影＝筒口直弘

すべてを地下に埋め込んだ地中美術館。
撮影＝藤塚光政

地中美術館の中庭、三角コート。
撮影＝筒口直弘

島アートプロジェクトの〝動〟の性格を担うとすれば、閉ざされた闇の中でアートと建築が緊張感を持って対峙する〈地中美術館〉の集約的な空間世界は〝静〟の性格を持つ。地中美術館の完成を経て、アートと自然、歴史と向き合い、人間の考える場所と時間を人々に提供しようという、直島アートプロジェクトのコンセプトは、より強く、深いものとなった。そして今や年間20万人余りの観光客が訪れるまでになったのである。

直島では、地中美術館以降も、ベネッセハウスの新しい宿泊棟として木造のホテル〈パーク／ビーチ〉棟を2006年に完成させ、さらに2008年現在も新たなギャラリーを一つ、計画中である。

生物が増殖するように、段階的・継続的な成長を続けてきた直島。そこに20年余り関わってきて、今改めて思うのは、そうして長い時間をかけ、つくりながら考えるあるいは、使いながら考えるという、持続的なプロセスを経てこそ、生まれる〝力〟があるということだ。

つくり手と使い手の対話の回路を欠いたまま、ただ新しいものを生産し、消費するばかりの社会の仕組みでは、直島のような〝生きた〟場所をつくることは出来ない。大切なのは建物を育てていこうという人々の意識であり、その思いに応えて、時の経過と共に魅力を増すような、成長する建築という発想だ。

ウォルター・デ・マリア
「タイム／タイムレス／ノー・タイム」（地中美術館）。
撮影＝筒口直弘

## 文化を創るのは個人の情熱

２００８年、〈東京大学情報学環・福武ホール〉の竣工式が行われた。東京大学本郷キャンパス赤門傍のクスノキ並木の中に建つ、このコンクリート打ち放しの新校舎は、建設資金全額、福武さんの寄付でつくられたものだ。福武さんに頼まれ、私も無報酬で設計を引き受けた。

奥行き15メートル、間口１００メートルの細長い敷地形状に沿って延びる、地上２階建ての建物。大きくせり出した庇の下は、学生が自由に使える半地下の階段広場とし、その広場と構内道路の結界には〝考える壁〟として長いコンクリートの自立壁をたてた。各時代につくられた校舎が豊かな緑に包まれて建ち並ぶ、すぐれた歴史的環境の中で、私が考えたのは、周囲の環境に馴染みつつ、現代と未来を感じさせるような古くて新しい建築のイメージだった。

竣工式当日の挨拶の中で、福武さんは、プロジェクトに関わった理由を、こう話しておられた。

「情報学環が東京大学で初めての学際的な大学院で、そうした新しい知的創造拠点の誕生にドネーション（寄付）がしたかった……日本にはドネーションの文化がない。

それがもっと盛んになるとよいという思いもあった」

自由で公平な社会を支えるのは、個人のエゴを超えた公共の精神である。だがその精神のもとに、人々が集い、共に生きている喜びを実感できる場所と時間――真の意味でパブリックと呼べるような施設をつくるのは、国や公共ではない。人々の人生を彩る文化を創り、育んでいくのは、いつの時代も、強く激しい個人の情熱である。

彼らの情熱に応えられるような〝命〟ある箱を、私はつくっていきたい。

東京大学情報学環・福武ホール。
撮影＝松岡満男

# 第8章
# 大阪に育てられた建築家

撮影＝荒木経惟

## 大阪から通え

1996年の春、東京大学の建築史専門の鈴木博之先生から、「東京大学に教えに来ないか」と突然の誘いを受けた。大学教育を受けていない人間が大学で教えられるものかと、お断りするのが妥当に思ったが、一方で「大学とはどんな所なのか、若い学生との対話も面白いかもしれない」という単純な好奇心もあった。

家族の意見を聞いてみると、案の定、妻も義母も大反対。子供の頃からずっと学校ではなく原っぱや川を、そして青年期になってからは実社会を学びの場としてきた私には、分不相応だというのと、何よりもホームベースである大阪を留守にしてしまうことを危惧した。

確かに、私のように地縁的な仕事の積み重ねで、建築家としての道を歩んできた人間にとって、東京と大阪の距離は致命的である。また公務員となることで、事務所の運営から離れなければならないという不安もあった。

迷っていた私の背中を押してくれたのは、サントリーの会長を務めておられた佐治敬三さんだった。

「何事も経験だ。お前が少しでも興味があるなら、行ったらいい。ただし一つだけ条

件がある――大阪から通え」

この言葉で、私も踏ん切りが付いた。

佐治さんは、「大阪の安藤が東京でいじめられないように」と、東京大学の先生方数名を招いての壮行会をミナミの老舗料亭大和屋で開いてくださった。元・阪大総長の熊谷信昭先生や三宅一生さん、故田中一光さん、中村鴈治郎さんら友人、知人、さらに縁のある関西財界の方々にも声をかけてくださり、皆さん顔を見せてくださった。

壮行会の途中、佐治さんは、いたずらっぽく笑いながら言った。

「これだけ思い切り接待しておけば、先生方も目をかけてくれるだろう」

こうして1997年から5年余りの間、大阪と東京を忙しく往復する日々

2002年。東京大学製図室にて。
撮影＝森嶋一也（写真提供＝カーサ ブルータス／マガジンハウス）

が始まった。大学という未知の世界で、若い学生と触れあい、建築の未来を共に考えた5年間は、若い頃、大学進学という道を選択しなかった私にとって、想像以上に新鮮で、刺激的な経験だった。しかしこの新たな学びについて、恩人に十分に報告することはできなかった。私をかわいがり、支え、育ててくれた最高のパトロン・佐治さんは、私が東京大学へ行くようになって2年後の1999年に逝去されたのである。

## 建築家とクライアント

自分の考える仕事をしっかりしたいと望む建築家にとって、ある意味、最大の壁は出資者であるクライアントの存在だ。建物の所有者となるクライアントは、当然ながら設計者に対し、自身の利益となる働きを期待する。往々にして、建築家のやりたいことは、クライアントにとって無駄なことの場合が多いので、必然的に衝突が起こる。そこで、大抵の場合は雇われの身である建築家が折れて終わってしまう。

ところが、世の中には、少数だが、見返りを期待するスポンサーとしてではなく、建築に理想を託し、建築家の才能を育てていこうと考える奇特な人々がいる。いわゆるパトロネージと呼ばれるもので、西欧では昔から、これが制度として社会に根付いていた。例えばルネッサンスの天才建築家ミケランジェロを世に送り出したのはメディチ家であったし、近代の異才アントニオ・ガウディにバルセロナの風景を創らせたのは、紡績工場主であったグエル伯爵だった。巨匠ル・コルビュジエの新しい都市提案ユニテ・ダビタシオン・マルセイユの実現に、時の文化相アンドレ・マルローの尽力があったというのも有名な話だ。

私もまた、パトロンともいうべきクライアントに恵まれた建築家である。建築写真家の二川幸夫さんが「良い建築が出来る理由の半分はクライアントの力だ」と言っておられたが、実際、私の提案する〝新しい建築〟のアイディアの実現には、つくらせる側に相当な覚悟、勇気が要るものが多い。チャンスを与えてくれた彼らが、私を建築家に育ててくれたといっても過言ではないだろう。

だが、独学で建築をはじめた私に、最初からそのような人脈があったわけではなかった。建築界を支配するのは今も昔も学閥主義である。戦後多くのコンペを勝ち抜き、日本初の世界的建築家として活躍された故丹下健三先生、1970年の大阪万博を機に、華々しく登場された丹下門下の諸先輩方など、私達の世代の憧れの建築家も皆この学閥ネットワークに属する、一握りのエリートだった。多くの若者にとって、建築家という人生の選択は、狭く険しい道程であり、大学教育も受けず、何の社会的後ろ盾もない私のような人間が、その環に入り込める可能性はゼロに等しかった。

## 大阪人の反骨精神

ではなぜ私は20代後半、絶望的な状況であることを十分知りながらもスタートラインにたって、歩き出すことが出来たのか。もしかしたら、私に備わった大阪人気質、いわば空論・空理より、実践を重んじる、実学的な精神——とかかわりがあるのかもしれない。

まず、仕事を座して待つような、エリート的建築家像は、最初から自分には縁のないこととすっぱりあきらめた。建築を職業として、ともかく生きていかねばならない。仕事がないのならば、自ら可能性を掘り起こし、仕事をつくっていくしかない——単純にそう考えたのである。

肉親や親戚といった身内で仕事を探すのは、後に続かないと思い、最初から頭になかった。性格的に頭を下げて仕事をとるような真似も出来ない。となると後は、発想で勝負するしか道はなかった。

事務所を構えた最初の1年間、私はいくつかの建築コンペに挑戦する一方で、有り余る時間を、依頼主のないまま自分で考えたプロジェクトの設計に費やした。

例えば、街を歩いて空き地などを見つけると、「自分ならここに、こうつくる」とか、「ここが、こう開けていたら、面白い風景が出来るだろう」と言う具合に、自由気ままにスケッチを描く。頼まれもせず、人の土地で勝手に考えるわけだから、それを土地所有者に持ち込んでも、迷惑がられるのが常だったが、時折、そんな私の話を面白がって聞いてくれる人がいた。

その場で仕事にはつながらずとも、「変わったヤツだ」と気に入られ、友達付き合いが始まる。そして、いつしか信頼関係が生まれた頃に、「一つ設計してくれますか」と、ふいに仕事を頼まれる——事務所開設当初の仕事はそんなパターンで始まることが多かったように思う。

1984年。九条の町屋(井筒邸)の前にて。

クライアントに対しては、経験は浅くとも、自分は建築のプロフェッショナルだと誇りを持っていたから「私に頼んだ以上は、基本的な機能条件以外は、私に任せて欲しい」と、常に強気な姿勢で臨んだ。実際、最初の頃に手掛けた住宅などは、ろくに図面も見せないまま、完成させてしまったものがほとんどである。

だが、つくった建物は自分のものだというくらいに思い入れが強かった分、つくった後のメンテナンスには責任を持った。休みの日などを使って、スタッフ全員を引き連れ一軒一軒見て回り、不具合を見つければ、すぐに対処を考える。そんな完成後の訪問を、相手が恐縮するぐらい、熱心に、しつこく行った。これは、竣工後のフォローを通じて、自身の技術力を向上させていこうという勉強の意味もあったのだが、クライアント達は、「安藤さんは強引なところはあっても、ともかくつくりっ放しにはしない人だ」と、好意的に受け取ってくれたようだ。大胆な提案をしてきた割に、完成後のトラブルというのはほとんどなく、逆に増築を依頼されたり、新しいクライアントを探してきてくれたりと、次の仕事につながることもしばしばあった。

自分は建築をつくるゲリラだ……クライアントは教育するものである――こんな乱暴な物言いが人々の耳目にふれ、変わった人間だと思われたのだろう。建築界では、渡辺豊和、毛綱毅曠という関西在住の個性的な建築家と3人で、〝関西三奇人〟などと呼ばれていた時期もあった。

やりたいことを見つけたら、
まずは、そのアイディアを
実現することだけを考える。
現実問題としてどうか、
というのはあとで考えればいい。
だから依頼を受けた敷地だけではなく、
隣の敷地の建物まで設計して、
模型をつくることもよくある。

## 考える自由を失わない

一歩一歩道を探しながら夢を追いかけてきた分、今でも私が大切にしているのは、〝こんな建築をつくりたい〟という、考える自由を失わないことである。

与えられた条件の中で考えると、どうしても発想は制限されてしまう。だが、逆に、何もないところから自分で考え、アイディアをストックしておけば、いざという時に、すぐに動けるから、チャンスを摑みやすくなる。あるいは、それを上手く社会に対しプレゼンテーション出来れば、クライアントや、仕事の方からやってきてくれる可能性もあるかもしれない——。

1988年に北海道につくった、水上に十字架の浮かぶ教会〈水の教会〉は、まさにそんな幸運から生まれたプロジェクトだった。

発端は、80年代の半ば、神戸の六甲山の上で教会をつくっていたときに、「正反対の立地で、例えば海の突端に教会をつくっても面白いのでは」と、ふと思いついた水上の教会のアイディアである。架空の敷地を設定して図面を描き、模型をつくって、それらを87年の春に、展覧会で発表したところ、来場者の一人から、「この教会を、自分のところでつくりたい」と突然の申し出があった。数日後、北海道勇払郡のトマムでリゾート開発を進めていた彼につれられ、日高山脈の北西、中央山岳部の平原に位置する敷地を訪れると、海の代わりに、美しい小川があった。

　この川から水を引き込んで人工の湖をつくれば、より純粋なかたちで水上の教会をつくることが出来る——夢が現実の仕事となった。

　やりたいことを見つけたら、まずはそのアイディアを実現することだけを考える。現実問題としてどうか、というのはあとで考えればいい。

　だから依頼を受けた敷地だけではなく、隣の敷地の建物まで設計して、模型をつくることもよくある。「こちらもつくれば、もっと面白くなります

水の教会、模型。
撮影＝大橋富夫

よ」と言ってクライアントに見せると、大抵は「冗談を」と聞き流されてしまうのだが、こうしてボールをなげておくと、いつか返ってくることもある。「安藤さん、あれやっぱりつくることにしました」と。京都の〈TIME'S〉や、〈六甲の集合住宅〉といった一つの建築の完成から、二期三期と続いたプロジェクトは、こうしたゲリラ的なやり方で範囲を拡げ、実現した仕事だった。

## 無謀な挑戦

だが、こうしてうまく仕事が〝つくれる〟ことばかりならいいのだが、無論、現実はそれほど甘くはない。幸運にも実現の機会を得たプロジェクトのある一方で、多大なエネルギーを注ぎながら、日の目を見なかったものもたくさんある。とりわけ、惨憺たる結果に終わったのが、大阪の都市への一連の提案プロジェクトだ。

始まりは、事務所を開設した年に描いた〈大阪駅前プロジェクトI〉である。全く仕事のない状況を何とかしようと、大胆にも私は大阪駅前の、中高層ビルの密集する風景に目をつけた。10階建て程度のビル一棟一棟の屋上を緑化し、それらをデッキで結んで、地上30メートルの高さに人間の歩ける空中庭園をつくろうという計画だ。

画を持って大阪市の計画局長を訪ねたのだが、当時私は28歳、どこの誰とも知れぬ

水上に十字架が浮かぶ水の教会。
撮影＝新建築写真部

若者である。耳を傾けてくれるわけはなく、門前払いを食った。

ろくに画も見てもらえなかったのだが、私はめげることなく「どうせうまくいかないのなら、出来るだけ途方もないことを考えてやろう」と、今度は、屋上庭園の計画の上に、さらに美術館や図書館など、文化施設を組み込んでいくイメージを描いた。都心再開発の矛先を、過密にあえぐ地上部ではなく、自由な空の上に向けたらどうかというわけだ。こうして、突拍子もないアイディアを思いついては、しつこく提案に出向き、その度に却下され続けた。

無謀な挑戦なのは分かっている。だが、無駄に終わったとしても、遠くに投げたボールを追いかけ走っていれば、進むべき道は見失わないでいられるだろう——そんな気持ちで毎日を過ごした。

これまで挑戦した中で、最も大掛かりだったのは、〈大阪駅前プロジェクトI〉から20年後に企てた、大阪中之島の再生計画〈中之島プロジェクト〉である。

中之島は、大阪の中心部を流れる二つの川に挟まれた、全長3・5キロメートルほどの中洲だ。島内には三井や住友といった旧財閥系の企業の本社ビルが軒を連ねるほか、中央公会堂や大阪府立中之島図書館、日銀大阪支店など、旧くから大阪の文化、行政の中枢を担ってきた歴史的建造物が数多く建ち並ぶ。立地だけでなく、大阪の歴

大阪の中之島。二つの川に挟まれて浮かぶ、広いところで幅300メートルほどの中州。
撮影＝上田安彦／PPS通信社

史を考える上でも非常に重要な場所だ。この中之島の西側1キロほどの範囲を敷地として、私は二つのプロジェクトを構想した。その一つが中央公会堂の再生計画〈アーバンエッグ〉だ。

1918年につくられた公会堂は、当時老朽化が進み、保存か改築かあるいは取り壊しかというような議論が盛んに行われていた。そこに建築家として、保存でも新築でもない、再生のアイディアをもって参画しようと目論んだのである。

旧い部分の面影は出来るだけそのままの形で残したい。だが、内部のホール空間は、あくまで現代の人々の要求に応えられるものでなければならない。

相反するテーマに対し私が出した答えは、既存建物の外部はそのままに、内部に新た

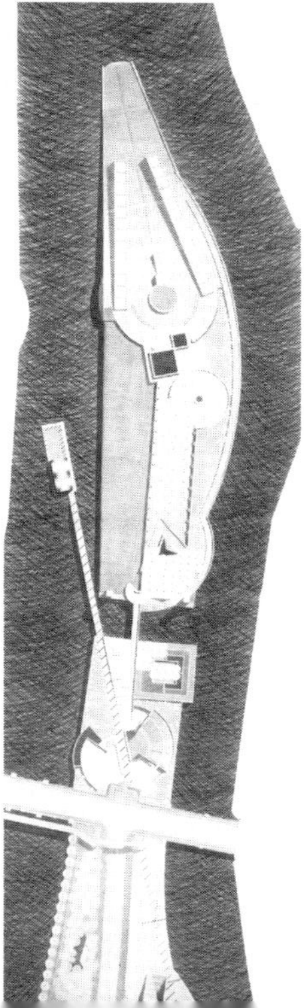

な卵型ホールを挿入するというものだった。一旦、内部の床を取り払い、ワンルームにしたあとに、自立した構築物を入れ子につくる。これならば、内壁の装飾を含め、建物に刻まれた記憶を壊すことなく、そこに新たな命を吹き込むことが出来る。

大胆な提案だったが、構造技術的には可能だと言う検証は出来ていた。

もう一つのプロジェクト〈地層空間〉は、〈アーバンエッグ〉を含む、中之島全体を一大文化ゾーンとする構想である。

パリのシテ島になぞらえられるような中之島の地理的、文化的ポテンシャルを最大限活かすべく、島に文化施設を充実していこうという都市開発戦略——その方法論として、私は、新たな施設の建設を地上ではなく、全て

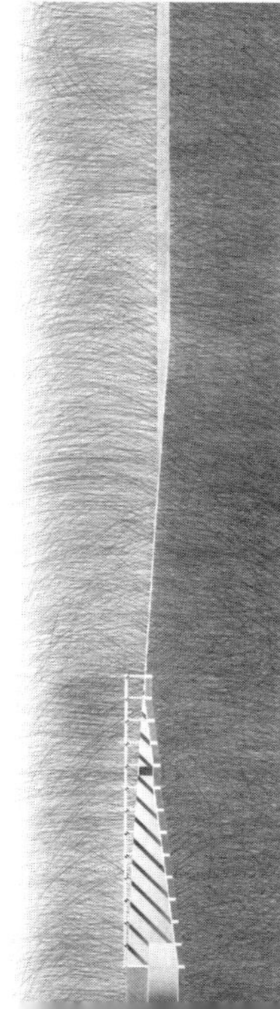

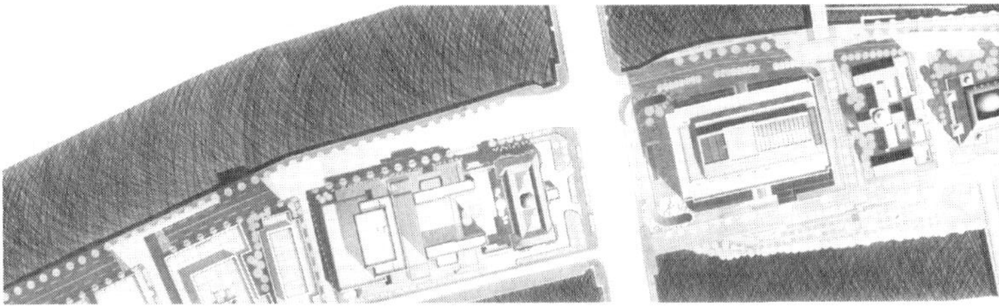

地下に行うという、地中都市のアイディアを提案した。

この敷地の〝重層化〟が叶えば、中之島は、既存の歴史的景観、緑溢れる都市公園の雰囲気を保ったまま、それ自体が都市を刺激する巨大な文化コンプレックスとして生まれ変わることが出来る。

非現実的な考えであり、建築家の夢でしかないことは良く分かっていた。

だが夢だからこそ、現実の仕事の数十倍のエネルギーをかけて、夢らしく見せたい。「これはメッセージとしての建築なのだから、これでもかという位、力のあるイメージにしてやろう」と、10メートルを超えるようなドローイングを半年以上かけて描き、事務所におさまらないような大きな模型をいくつもつくった。当時珍しかったコンピュータグラフ

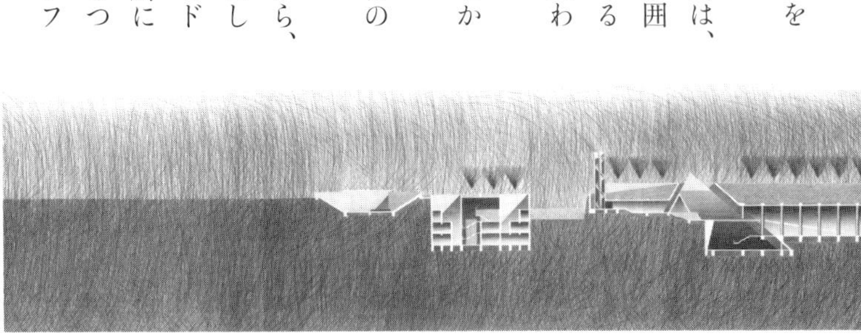

中之島プロジェクト[地層空間]。
10メートル以上の長さで描かれたドローイング。

イックのイメージ映像も作製し、1989年には大阪ナビオ美術館で、自主企画の展覧会まで開催した。これに対して、市当局の反応はというとやはり返事はNO。担当官に、迷惑そうな顔をされて終わった。

東京が〝官〟の手でつくられた都市とすれば、大阪は〝民〟の手でつくられた都市である。古くは港、水路、道路のような都市インフラが民間でつくられ、明治以降の都市整備についても、街の中心を南北に貫く御堂筋をはじめ、多くの施設が資金提供や土地の拠出など、民間の協力のもとにつくられた。大阪は、何よりもここに住み、働く人々がアイデンティティーを持って育ててきた街だった。

そんな大阪市民の心意気を伝える建物が、御堂筋、中之島辺りにいくつか残っている。明治から昭和初期にかけて、大阪の街を愛する事業家と、その思いを受けた建築家の自由な創造力から生まれた様式主義の建築だ。

辰野金吾作の日本銀行大阪支店、渡辺節のもとで若き日の村野藤吾が図面を描いた綿業会館、その村野をして都市建築の美の極致と言わしめた大阪ガスビル……民間力の結晶ともいうべきそれらの建築を目にするたび、そこに込められた先人達の思い、都市の夢を受け継いでいかねばならない責任を感じる。その気持ちが、実現のあてもなく大阪の都市提案プロジェクトを続ける、私の原動力になっている。

中之島プロジェクト[アーバンエッグ]、模型。
撮影＝大橋富夫

## 地元に育てられた建築家

関西経済界のトップの方々とお付き合いするようになったのは、ちょうど〈中之島プロジェクト〉の提案をまとめあげた頃だった。「面白い建築家がいる」というのでキタの新地で知り合ったサントリーの佐治さんをはじめ、アサヒビールの樋口さん、三洋電機の井植さん、京セラの稲盛さんら、そうそうたる顔ぶれの企業人と次々お会いする機会を得た。

怖いもの知らずの私は、大先輩である彼らに、「なぜもっと、世の中が面白くならないのか、社会が良くならないのか」と、今自分が腹を立てていること、疑問に思っていることを遠慮なくぶつけ、それに対する私の〝奇想天外〟なアイディアを懸命に話した。関西の「顔役」達は、そんな若者の情熱を受け止め、面白がって相手をしてくれた。

知り合ったからといって、仕事の話が出るわけではない。私も、彼らのような立場の人が関わるプロジェクトに、自分が参加できるとは、期待もしていなかった。経験豊富な人生の先輩と直に触れあい、学べるだけで、私は充分満足していた。

しかし、彼らは私のことをあくまで建築家として見てくれていた。

京セラの稲盛さんは、「中之島で売れなかった〝卵〟、私が買いましょう」と言って、母校の鹿児島大学に稲盛会館を建築・寄贈する際、〈アーバンエッグ〉同様の構成のホールをつくる機会をくださった。
三洋電機の井植さんは、淡路島にある真言宗本福寺の御堂の設計者に私を推薦してくれたうえ、六甲の急斜面に二つ目の集合住宅をつくる機会を与えてくださった。
私のことを「偉大なる庶民」だと言ってくださったアサヒビールの樋口さんには、京都の大山崎で、大正期につくられた旧い洋館の再生プロジェクト〈大山崎山荘美術館〉の設計者に起用していただいた。
そして一番深いお付き合いをしていた佐治さんとは、大阪市の南にある港、天保山の地に〈サントリー・ミュージアム天保山〉をつくった。
延床面積1万3804平米という未経験の規模の仕事に苦戦する私に、佐治さんは「とにかくベストを尽くして、勇気を持って思い切りやれ。責任は自分が持つ」とだけ言ってくださった。

「とにかく人生は面白くなければダメだ。仕事をしている間もワクワクしながら生きてみろ。感動しない人間は成功などしないぞ」
いつもこう言われていた佐治さんに、この詩を心に刻んでおけと教えられたのがサムエル・ウルマン『青春の詩』だった。

「青春とは人生のある時期を言うのでなく、心の持ち方である……」

佐治さんは、私と美術館をつくりながら、もう一度青春を走ろうとしていた。

20代後半より、何の経験もない私に、人生最大の買い物である住宅を任せてくれた同世代のクライアント達。それぞれの地域ぐるみで私を応援してくれた、神戸の北野町や大阪のミナミの商業建築のクライアント達。そして、実績や経歴ではなく、ただ思想に共感できるものがあるという理由で、私という人間を信頼して、大きな仕事を任せてくれた関西政財界のリーダー達。

彼らは皆、大阪人ならではの自由な心で私を受け止め、チャンスをくれた。関西という風土でなければ、いくら頑張ったとしても、今日まで建築活動を続けていることは出来なかっただろう。

偉大な先輩たちにかわいがっていただき、ここまで引き上げてもらった。私は、大阪に育てられた建築家である。今度は私が、大恩ある大阪のために尽くす番だと、今は考えている。

1994年。佐治敬三氏と。
竣工したサントリー・ミュージアムの前で。

建築家 安藤忠雄

サントリー・ミュージアム天保山。
撮影＝松藤庄平

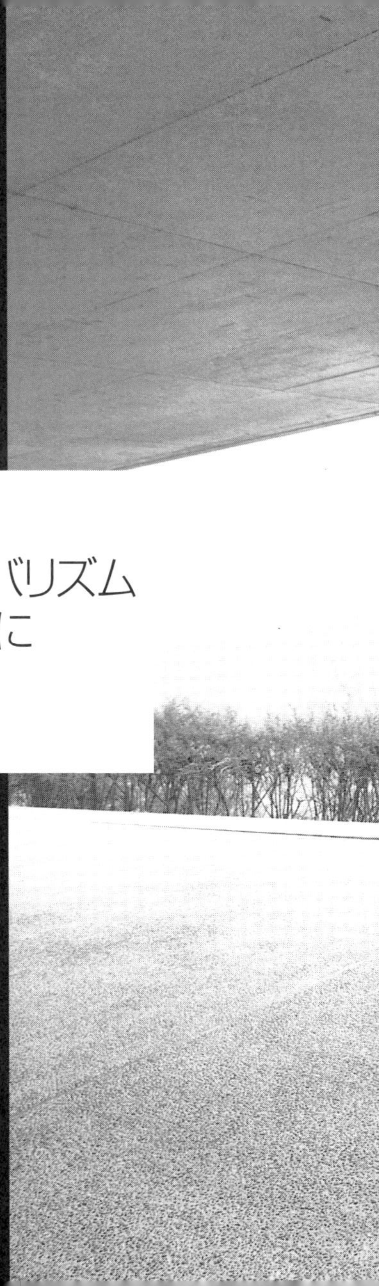

# 第9章 グローバリズムの時代に

撮影＝荒木経惟

灼熱の地に挑む

現在、中東に建設される二つのプロジェクトを手掛けている。一つは、U.A.E.（アラブ首長国連邦）の首都アブダビでの〈アブダビ海洋博物館〉、もう一つがアラビア湾に浮かぶ島国バーレーンでの〈バーレーン遺跡博物館〉だ。

〈アブダビ海洋博物館〉は、アブダビの海岸から約500メートル沖にあるサーディイヤット島の再開発プロジェクトの一環を成すものである。海洋博物館と共にルーブル・アブダビ、グッゲンハイム・アブダビといった五つの文化教育施設がつくられ、島の中枢としての文化地区が形成される。さらにその周辺には国際的なビエンナーレ展などに利用できるパビリオンを19箇所も整備する計画も進行中だという。五つの施設の設計者には、私のほか、フランク・ゲーリー、ジャン・ヌーベル、ザハ・ハディイドと、4人の世界的建築家が指名を受けている。潤沢なオイルマネーを元に目ざましい開発を進める中東の都市ならではの巨大なスケールだが、開発の焦点が単純な資本投資効果でなく文化振興に置かれている点で、ドバイなどの状況とは異なる。

〈バーレーン遺跡博物館〉は、紀元前3000年から青銅器時代のサール古墳群を望む場所につくられる歴史博物館だ。バーレーン全土で見られる古墳群は8万5000

前後あると言われ、有史以前の古墳群としては世界最大級のスケールを持つ。アラブで石油採掘に成功した最初の国として知られるバーレーンは、いずれ訪れる石油資源の枯渇に備えて早い段階から方向転換を図り、20年余りの短期間に近代国家として急成長を遂げた。そのバーレーンが次に力を入れるのが、独自の歴史を資源とした〝観光〟というわけだ。

投資家のビジネス以上の意味のない〝高さ世界一〟を競うような仕事には興味は持てないが、二つの施設はいずれも都市文化育成を目的としたものだ。とりわけその内容が、海外から作品を〝輸入〟するのではなく、地元の歴史と文化を対象としている点で、意義のあるプロジェクトだと感じている。

アブダビ海洋博物館、CGドローイング。

アブダビで提案しているのは、必要な機能を納めた直方体の下側を、シェル状にえぐったような形の建築である。同様に海に四方を囲まれた立地にあって〝都市のシンボル〟を主題とした傑作にシドニー・オペラハウスがある。当時の建築技術の限界に挑戦した大胆な造形表現で、海に浮かぶ帆船をイメージしてつくられたというが、対して〈アブダビ海洋博物館〉は、帆をふくらませる海風を、表側の形でなく、その内側の空洞によって表現しようと試みたものだといえる。目指すのはアラビアの民の歴史を育んできた雄大な海景を身近に引寄せる、装置のような建築である。

一方のバーレーンでは、延々と続く砂漠に楔を打つような、特に幾何学性の強い形の建築を提案している。基本構造から外壁のパターンまで、執拗に繰り返される三角形のモチーフは、荒涼とした風景に埋没することなく、太古の墓標のアースワークに応えようと考えていく中で、自然に生まれたものだ。

古代エジプトの昔から、幾何学は人間が自然の中に何か構築するときの最も基本的な思考の手立てだった。砂漠と海に囲まれた厳しい風土に育まれたアラビアの造形文化に一貫して幾何学的、数学的美学に対する強い執着が感じられるのは、そうした自然に抗って人工の世界を築こうとする人間の本能のもっとも端的な表れといえるだろう。そこでつくる私の建築が、初源的な幾何学形態に近づいていくのも不思議はない。

アブダビ、バーレーン共に構造的にも空間的にも難しい提案内容だったが、計画の

バーレーン遺跡博物館、模型。

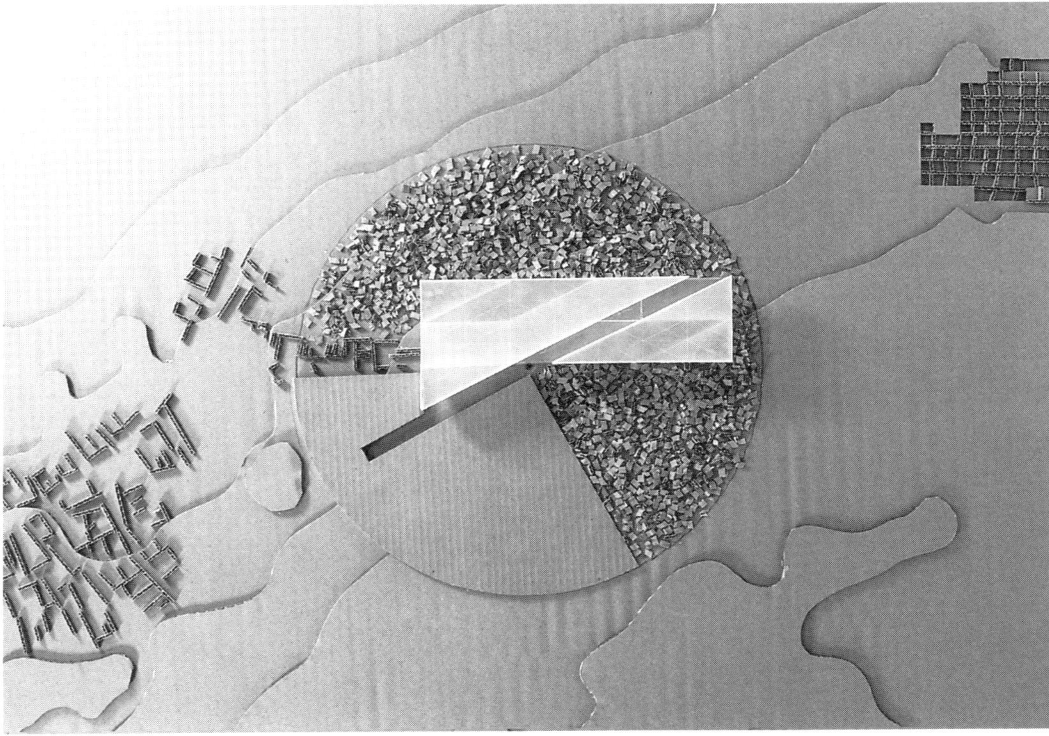

大筋は定まった。現在は、それぞれ具現化に向けた詳細な検討を、現地に通いながら進めているところだ。予定通りいけば、バーレーンの方が先んじて2009年に、アブダビは2012年に着工する。

## 大阪から世界へ

大阪に事務所を構えながら、ヨーロッパ、アメリカ、中東、アジアと世界のさまざまな地域で、進行中のプロジェクトを抱えている。事務所の国内外の仕事の割合は、ほんの10年前まではまだ国内7に対し海外3の割合であった。それが今では完全に逆転、海外での仕事の比率は年々高くなる一方だ。

こうした〝国際化〟現象は、私の事務所に限ったことではない。アジアなどの後発組の国々が経済的な力をつけてきたことを背景に、日本人建築家の海外進出は、かなり一般化してきている。海外のクライアントが、特別な意識もなく、自国にいるのと同じ感覚で海の向こうの日本人建築家に発注する——建築もまた、完全なるグローバリゼーションの時代を迎えたということだ。

確かに、電子メディアを通じて、地球上のどの都市でも、リアルタイムで情報を共有することが出来て、なおかつジェット機を使えば、1日足らずでそこにいくことが出来る状況を考えれば、長引く経済不振で〝仕事の機会がない〟日本から、〝チャンスのある〟海外へ、建築家が流れていくのは、自然の成り行きといえる。
建築家にしてみれば、自身の個性が、国籍と関わりなく評価されて、より広い世界で仕事が出来るチャンスが増えるわけだから、グローバリゼーションは、ある意味において歓迎すべきことではあるだろう。
だが、技術の進歩で〝世界が狭くなった〟と言っても、それはあくまで観念的な、ヴァーチャルな世界での話だ。いくら情報のやりとりが瞬時に出来るからといって、人間同士が直接会って交わす会話から得られる信頼関係に勝るものはないし、また実際に建つ建物自体を情報化できるわけではない。
どれだけ技術が進もうとも、建築とは、その場所に行ってつくらなければ出来ない土着の仕事である。場所ごとに、つくるためのルール、技術も、つくる人間も違う。時間的な距離が縮まっても、その物理的な距離、文化的な距離は縮まらない。

例えば、ヨーロッパ、特にイタリアでの仕事では、歴史都市らしく、日本と比して、開発に関わる法手続きに驚くほどの時間がかかる。〈FABRICA〉など、アイディアを出してから完成まで、結局10年以上の時間を要した。現地の職人達の仕事に向かう姿勢も、文字通りの職人気質で、一旦仕事を始めると、工期などおかまいなし、自分が納得できるまで、手を止めようとしない。それを頼もしく思う反面、スケジュールが読めないという怖さが最後まであった。

　逆に中国では、発展途上の国家ゆえの凄まじすぎる建設のスピードに困惑する。万里の長城をつくった文化の国だけあって、大陸的というか、とにかく何でもスケールが大きい。突然、日本では考えられないような規模の仕事の依頼を受けたと思ったら、契約もあやふやなうちにスタート。工事が始まったら、〝もう止められない〟と言わんばかりの勢いで、うかうかしていると知らない間に工事が進んでしまう。現場に先回りして、問題を発見・解決するのに精一杯で、息をつく間もない。

　裁判社会がそのまま反映されたアメリカでの仕事も驚きだった。とにかく契約の度に弁護士が登場し、簡単に済む話を変に複雑にして、プロジェクトの進行を結果的に遅らせることになる。民主国家らしく、物事を一つ決めるごとに関係者を集めての会議を開きたがるのにも閉口した。〈フォートワース現代美術館〉のときは、コンペから完成までの5年7ヶ月の間に、総計30回は大阪―フォートワース間を往復している。移動の費用を担うクライアント側の経済的負担も相当のものだったはずだ。距離を埋めるのに膨大なエネルギーが費やされる国際プロジェクトは、つくり手とクライアント双方に余程の覚悟がないと成り立たない。

単純な建築技術のレベルの問題もある。〈テアトロ・アルマーニ〉の工事の際には、全体のスケジュールはスムーズに進行したものの、現地ミラノの施工レベルは予想外に低く、ついにはコンクリートの打ち直しという事態まで生じてしまった。結局、日本から補修を専門とする馴染みの左官職人に来てもらうことで、何とか事は収まったのだが、このとき改めて高い建設技術を誇る日本で建築のキャリアを積んでくることができた自身の幸運を思い知った。技術的に難しい形を採用したアブダビ、バーレーンのプロジェクトも、この先、相当な苦労をするだろう。

ファブリカの建設風景。

もちろん、物事がスムーズに動いていかないのは建築の常であり、建築の悪戦苦闘のプロセスは海外でも日本でも同じだ。しかし、海外での仕事の場合、日本にいる私はそのトラブルに即座に対応が出来ない。臨場感がないために、ときに重要な判断を間違えることもある。複数の現場でトラブルが重なったときなど、大変なストレスだ。

## 海外で学べること

しかし、そうしたリスクを負っても取り組む価値も海外の仕事にはある。その価値とは、一つには自身が過ごしてきた場所と異なる状況で建築を考えること、それ自体が新しい建築への挑戦になるということだ。

当たり前のことだが、それぞれの場所には、地形から歴史、文化的経緯、人々の生活習慣に至るまで、必ずその場所だけの固有の文脈というものがある。それに応えて〝その場所にしかない建築〟をつくろうとすれば、当然生まれてくる建築のアイディアは、日本でつくるときとは違ってくる。

アブダビにしてもバーレーンにしても、あの規模であれほど強い幾何学の形は、温暖な気候に恵まれた日本の風土では出てこなかったと思うし、仮にそんなアイディアがあったとしても、日本の社会環境では実現するチャンスは巡ってこない。文字通り、

今の中東だからこそ、つくれる建築だ。

もう一つ、海外でつくることで得られる価値とは、まさにそのリスクの部分にある。

確かに、技術力、勤勉さ、チームワークと、どれをとっても世界最高レベルの建設技術を持ち、ある程度成熟した社会システムの中で仕事ができる日本の状況は、私達日本人建築家の大きな強みである。

だが、そうした行き届きすぎた環境だからこそ、奪われる建築の可能性というのもあるのだ。日本で仕事をするヨーロッパの建築家が時折不平をもらすのがこの点で、日本のゼネコンは優秀すぎて、彼らの尖った提案を、うま

10年がかりで完成したファブリカ。
撮影＝新建築写真部

く納め過ぎてしまうという。

法規制の運用についても、事細かな規制の多い日本に比して、敷地そのものがまだ〝砂漠〟であったりする中東では、法令は建築設計を制約する〝障壁〟というより、それを導くための単なる〝ガイドライン〟に過ぎない、という認識だ。基本的に発注者も役所も、建築家の積極的な提案に対し、寛容である。規制する側が納得できるものであれば、日本ではあり得ないであろう〝例外措置〟も、比較的簡単に認められる。

欧米の仕事で、計画から建設、完成に至るまで、手続きと議論に長い時間がかかることについても、「それほど建築、都市に対する社会の意識が高いのだ」と考えれば、うらやましい話である。日本の公共施設の設計などで、一番もどかしいのが「誰のための施設か、どういった施設にすべきか」といった根本的な議論がなかなかできないところだ。嫌というほどパブリックの議論を重ねる、ヨーロッパでの建築は大変だが、その分やりがいはあるし、時間をかけることで、建築のコンセプトもより明確になる。

むろん、すべて日本のシステムに融通性がなく、外国のほうが優れているといいたいわけではない。外国でも、その国ならではの矛盾は多くあるし、大企業のエゴイズムや政治の論理が建築を左右する事態も当然ある。建築の〝精度〟を求めるのなら、いくら外国で努力しようと、日本でのそれと同じ満足を得るのは容易ではないだろう。

フォートワース現代美術館。建設現場にて。

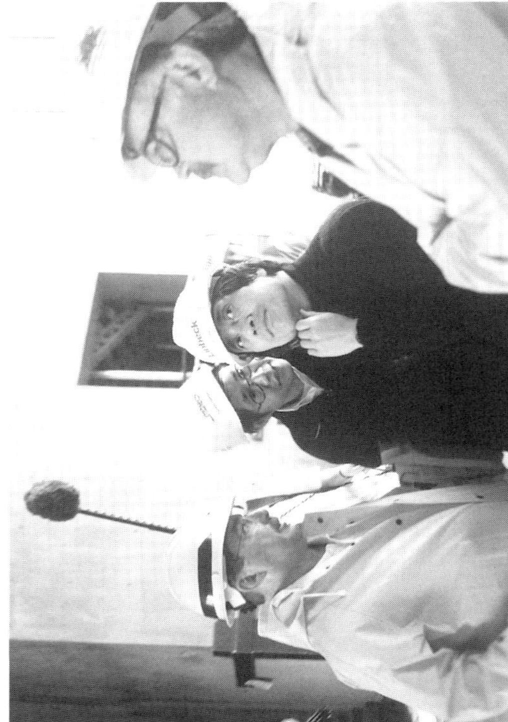

私が言いたいのは、他国での建築の現場を体験することによって、自国にいるとつい見過ごしてしまう、建築をその背後で成り立たせている社会の仕組みのようなものを、もっと相対的に見られるようになるということだ。

建築家という職業の面白さは、一つの建物の設計を通じて、芸術や技術とともに、地域の歴史や文化、社会制度の問題と、いろいろなことを考え、いろいろな価値観に出会えることにある。

その意味で、異なる世界の空気に身を置き、自身の建築を考えることが出来る海外の仕事は、絶好の〝勉強〟の機会だ。

異国の文化を精一杯感じ取り、その場所にしかない建築に向かっていく。そうして新しい建築の可能性を探しているのである。

フォートワース現代美術館。
撮影＝松岡満男

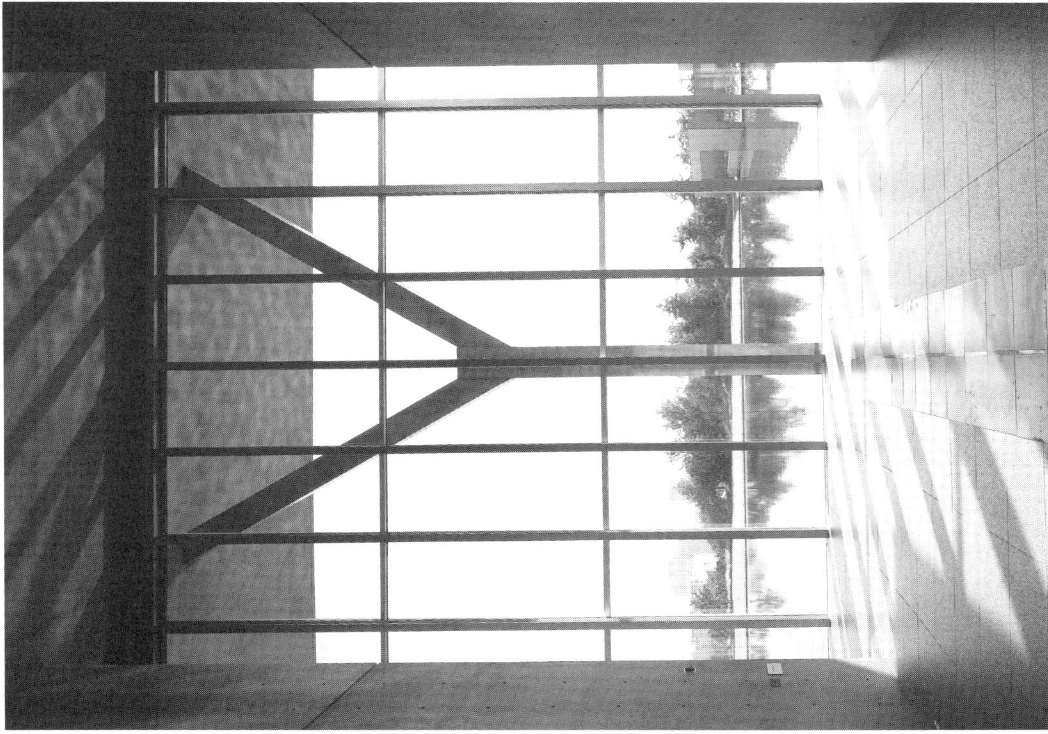

1997年から98年にかけて、ネパールでの一つの建築プロジェクトに参加した。AMDA（the Association of Medical Doctors of Asia）というNPOで、災害や貧困により医療の恩恵を受けられない人々に医療を提供する医師団の企画した子供のための病院だ。95年の阪神淡路大震災の際、アジアの国々から寄せられた援助への〝お返し〟として、寄付金をもとにつくられることとなった。敷地はルンビニ近郊のブトワール市。土地、インフラ整備などは市の提供により、私も無償での設計を引き受けた。

ネパールの5歳未満の子供の死亡率は、日本の20倍にも及んでいた。その原因の一つが、医療施設の不足で、実際、〈ネパール子供病院〉の建設時点で、子供のための病院はカトマンズに一つあるだけだった。ビジネスではない、ボランティアの仕事で、コスト、現地の技術状況とも大変厳しい条件だったが、何より建物の完成を切実に願う人々がそこにいるという点で、特別なやりがいを感じる仕事だった。

素材、工法の選択についてはコスト面、技術面の問題から現地で可能な手法を取らざるを得ず、そこから自ずと単純な矩形の建物の形が導かれた。外壁には現地で生産されている日干しレンガを用いた。内部はモルタル塗りの上白ペンキ塗り。明るく清

フォートワース現代美術館。
撮影＝松岡満男

潔なイメージを意図しての仕上げだ。南面には列柱のコロネードを配し、その奥に窓を設けることでインドと同様の強烈な太陽光から内部空間を保護し、穏やかな室内環境を確保できるよう考えた。診察室、病室、ロビーなどの子供のための部屋は、全てこのコロネードに面して連続する。

コンクリートの架構を立ち上げ、レンガを積み、仕上げを施していく。その建設過程の全てが、ここでは人間の力のみで行われた。

ローテクの分、仕上げは荒々しく、ディテールも凝ったものは難しい。日本でつくるときのような精度はとても期待できなかったが、その建物に込められたつくり手の思いは、どんなにハイテクを駆使したデザインの建築にも負けないほど、強く深いものがあったと思う。完成した病院では現在1日200人を超える患者を診察している。

## 多様な豊かさを求めて

考えねばならないのは、現在言われるグローバリズムとは、あくまでアメリカに先導された近代化社会の中の出来事だということである。私たちはともするとそれが世界のすべてのように思い込みがちだが、一方でそこからはずれてしまっている人々が世界には大勢いる。だが、21世紀という時代に至り、世界が直面しているのは、地球

ネパール子供病院。現地の日干しレンガを使った。
撮影＝新建築写真部

異文化の衝突を乗り越えるのは、
容易な道ではなかった。
一個人に過ぎない建築家に何ができよう。
だが、建築が人間生活の文化に
関わるものであるならば、
建築を通じて、何らかの意思は
表明していくべきだろう。

温暖化の問題にしても人口問題にしても政情不安にしても、すべて、これまで排除されてきた発展途上国をも含む、文字通り〝地球規模〟の問題だ。

これからも〝世界〟が存在していこうとするのなら、こうした強国中心の覇権主義を超えた、真の意味での地球主義が求められるのは必至だろう。それは、これまでのような、同質の文化圏を拡大するだけのグローバル化ではない、多様な国々の、ときに対立する文化や価値観を、互いに対話をしながら認め合い、共に生きていける世界を目指すものだ。

むろん、これがいかに難しく複雑な課題であるかは、２００１年の〝９・11〟を挙げるまでもなく明らかだ。異文化の衝突を乗り越えるのは、容易な道ではなかった。

そこで、一個人に過ぎない建築家に何ができるというわけではない。だが、建築が人間生活の文化に関わるものであるならば、建築を通じて、何らかの意思は表明していくべきだろう。

先日、ＡＭＤＡから、ネパールの病院も増築したいとの連絡があった。資金集めはこれから。厳しい状況というが、使命感を持って語る関係者の顔は明るい。苦労する価値のあるプロジェクトなのだろう。私も再びネパールで建築を考える。その場所でしか得られない心と空間の豊かさを、探していく。

ネパール子供病院。
撮影＝新建築写真部

# 第10章 子供のための建築

撮影＝荒木経惟

## 空き地と放課後

何年か前に、ビルの自動回転扉に子供が挟まって亡くなった事故があった。ビルが出来たばかりの都心のニュース・スポットだっただけに大きな社会問題になり、世間の非難は、機械をつくったメーカーとビルの管理者に集中。一時は全国のパブリックな施設の自動回転扉が軒並み使用中止になる事態にまで発展した。

これほどセンセーショナルではなくとも、ここ最近は「小学校で、生徒が校舎のガラスに当たって怪我をした」「デパートで、エスカレーターから幼児が墜落した」など、建物に関わる子供の事故のニュースが増えている。そして、事件の度に管理者の責任が問われ、建物を規制する新たな安全対策が講じられることになる。私自身、設計の現場にいて、手摺の設置だとか、コーナーの養生だとか言われることも多く、こうした社会の動きは肌で感じている。

確かに、安全で安心であることは、建築と都市の大前提だ。1995年の阪神淡路大震災を経て、建設に携わるものの責任についても、さらに深く考えるようになっている。しかし、それにしても、こうした問題に対する世間の「建物から一切の角を失くせ」と言わんばかりの過剰な反応には納得がいかない。

絵本美術館「まどのそとのそのまたむこう」。
ガラスにぶつかるのはガラスのせいなのか?
撮影＝松岡満男

遊んでいてガラスにぶつかったとしても、「子供の側への注意を促す」という議論は一切なく、〝ガラス〟の加害責任ばかりを追及する。その責任から逃れるために、つくる側も、今度は当たっても割れないガラスだとか、さらにはガラスを使わないといった消極的な方向に流れていく。

巷では個性を伸ばす教育といった教育改革の文言がよく聞かれるが、子供の個性、自立心を育てようという発想と、危険のありそうなものは全て排除して、徹底的に管理された環境で保護しようという発想は、全く矛盾している。ガラスに当たったら危ないことも分からないまま育つ子供に、自己管理能力は身に付くだろうか。そんな過保護な状況にあって、果たして〝生きている〟緊張感、自分で何か工夫して問題を切り抜けようという創造力が育つだろうか。

今の子供たちの最大の不幸は、日常に自分たちの意思で何かが出来る、余白の時間と場所を持てないことだ。私が子供の頃、街のそこここに、まだポカンとした空き地があった。学校が終われば、当たり前に放課後の自由な時間があった。大人の定めたルールも何もないその空き地で、子供たちは工夫して遊ぶ楽しさを知り、子供同士で成長し合った。自然との付き合い方を学び、危険なところに立ち入ったら痛い思いをすることを覚えた。戦後日本の経済一本槍の社会が、子供からこの空き地と放課後を奪った。

戦後日本の経済一本槍の社会が、
子供から、空き地と
放課後を奪った。
子供を〝過保護〟の
世界に閉じ込める
家庭と社会のシステムが、
子供の自立を阻んでいる。

兵庫県立こどもの館。施設をあえて長い屋外通路で結んだ。
撮影＝新建築写真部

こどもの館

子供を〝過保護〟の世界に閉じ込める家庭と社会のシステムが、子供の自立を阻んでいる。

そんな考えでいるから、「放っておいても子供は育つ」などと言って、周囲の反感を買うこともある。子供のための施設を設計するときも、人間本来の生命力に期待し、子供だからと遠慮せず、いつも通りにつくるから、発注者側と衝突することも多い。

私が最初につくった子供のための施設は、〈兵庫県立こどもの館〉だった。

敷地は姫路市郊外の桜山貯水池という新日本製鉄の所有する人造池の傍ら、子供たちの研究発表をはじめ読書や工作などの活動が行われる施設の計画。ここで私は、池に沿って展開する、ランドスケープと一体になったような施設のあり方を提案した。具体的には、施設をその活動内容によって、本館と中間広場、工作館の三つに分けて、池に沿うように500メートルにわたって配置、それらを長い屋外通路で結ぶという建築だ。

1箇所にまとめてつくればいいものを、わざわざ離してつくっているのだから、非合理的だと言われるのも無理はなかった。その上普通なら、建物と外構は切り離して計画するところを、その全てを建築家が計画し、中間広場の16本の柱をはじめ、屋外通路にしろ、本館周りの水池にしろ、外構なのに妙に難しいことをやっている——。当時の兵庫県知事、貝原俊民さんのサポートのおかげで、何とか計画をまとめ、完成まで漕ぎ着けたが、最後まで機能のない、無駄なスペースを巡る議論はあった。

「こんなに歩かされる施設で大丈夫か、コンクリートの建物に子供が馴染まないのでは？」と、オープン前になっても周囲は心配していた。だが、私は全く気にしていなかった。逆に、この施設に集まる子供たちのエネルギーに負けないような運営がちゃんと出来るのか、とそのことばかり考えていた。

２００８年現在で、こどもの館のオープンから19年が経つ。関係者の心配をよそに、こどもの館は、その名の通り、毎年数多くの子供たちが訪れる、子供たちの絶好の遊び場になった。周囲の緑もより一層逞しく成長し、当初は大きく見えたコンクリートの建物がかわいらしく見えるほどに、場所全体が自然の中に溶け込んでいる。オリジナルの企画である、国際的なビエンナーレ形式の「子供の彫刻アイディアコンペ」も順調で、２年に１回、どこかの国の子供の描いた彫刻が、敷地内につくられていっている。思ったとおり、解放された子供の感性はどこまでも元気で、明るかった。

## ほったらかしの場所をつくる

こどもの館以降も、いくつかの子供のための施設の計画に関わっている。用途は博物館から図書館、学校と、規模・敷地条件を含めそれぞれに異なるが、一貫しているテーマは、自然との対話である。それとこれが一番重要なのだが、すべてを設計し尽くすのではなく、あえて目的のない、ほったらかしの場所をつくることだ。

人間が生きていくには、知識と知恵がいる。既にある問題と答えを結びつける、知識を身に付ける学校の授業と、世界を自分の目で見て、問題そのものを探していける知恵を育む放課後の自由な時間――この両方があってこその教育だろう。

建築も同じで、つくり手が「ここはこう使ってください」と全部決めつけてしまっては、使い手が想像力を働かせて使っていく楽しみがなくなってしまう。とりわけ子供には、そんな風に自分たちの居場所が探せる、ほったらかしの場所が必要だ。

現在の高度に管理された社会状況の中で、ほったらかしの場所をつくるなどと言うと誤解を招きそうだが、実は、それ以前に一体建築家がどうやったら知らん顔をするところをつくれるのかという問題がある。私自身いまだ完全に満足のいく答えは出せていない。子供のための建築――意外に難しいテーマである。

その名の通り、兵庫県立こどもの館は、子供の絶好の遊び場になった。
撮影＝新建築写真部

野間自由幼稚園。
撮影＝松岡満男

# 第11章 環境の世紀に向かって

撮影＝荒木経惟

## 新しい渋谷の地下駅

かつて計画案のまま終わってしまった建築のアイディアが、時間を経て、全く別なプロジェクトで再度実現のチャンスを得ることがある。〈東急東横線渋谷駅〉がまさにそれだ。

渋谷と池袋を結ぶ地下鉄副都心線と東急東横線とが相互乗り入れする、この新しい地下駅の計画で、私が提案した〝卵型〟の駅舎のアイディアは、かつて企てた〈中之島プロジェクト（アーバンエッグ）〉の試みに通じている。

〈アーバンエッグ〉は、大阪中之島に建つ大正期につくられた中央公会堂の再生をテーマにした提案プロジェクトで、旧い建物の外郭をそのまま残しながら、内部に卵型のシェルに包まれた新たなホールを挿入するという計画だった。その〝卵〟を、渋谷駅では、地下土木軀体に組み込まれた駅舎として実現したのである。

10年越しで生まれた渋谷の〝卵〟――というわけだが、無論、その造形表現自体が目的の建築ではない。渋谷の〝卵〟の中心には、地下2階のコンコースから地下5階のホームを貫く楕円形の吹き抜け空間が穿たれている。地下駅というと、地上との位

東急東横線渋谷駅。楕円形の吹き抜けで自然換気を行う。
撮影＝松岡満男

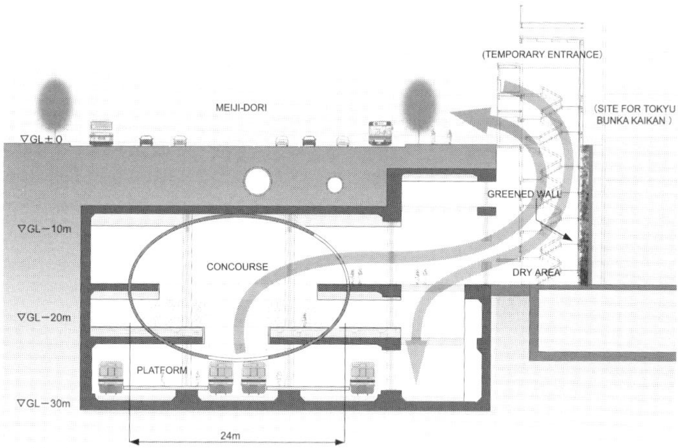


置関係がつかめないため、方向感覚が失われがちだが、ここでは〝卵〟と吹き抜けの明快な空間構成が地中のランドマークとなり、駅の全体像と自分の居場所を瞬時につかめる。

もう一つ、この立体的な空間構成が果たす重要な役割とは、地下空間の自然換気である。東急電鉄は、駅舎工事にあわせ、隣地に建つ東急文化会館の建て替えを計画しており、地下駅に隣接するスペースには、コンコース階に至るドライエリアの設置が予定されていた。そこに、〝卵〟に覆われたワンルームの駅舎を接続することで、通常は機械設備で処理される電車の廃熱も、自然の風力で新鮮な空気と交換出来るというわけだ。

東急東横線渋谷駅、断面ダイアグラム。

風が抜けることで問題となるのは駅舎内の空調だが、これについては〝卵〟の殻の材料を普通のコンクリートではなく、中に空洞が出来るGRC（Glass fiber Reinforced Concrete）とし、その空洞を利用した輻射冷房システムとすることで解決した。

安全性につながる〝分かりやすさ〟と、機械に頼らない環境制御――視覚的なインパクトだけでなく、現実の機能面においても〝卵〟は重要な意味を持っているのだ。

２００８年6月、東京メトロ副都心線が東急線に先行して開業すると、渋谷という場所柄、多くのメディアがその建築をニュースに取り上げた。面白かったのは、その多くが〝卵〟の造形的特徴以上に、自然換気の仕組みに反応を示していたところだ。「機械に頼らない地下駅の換気システム」、「環境負荷を軽減する地下駅の風」……20年前ならば、一般にこんな形で建築がアピールされることはなかったろう。

毎日数十万人の人間が往来する、渋谷の新たな玄関口の誕生が、〝環境〟の文脈で語られる。それほどに、人々の環境に対する危機意識は高まっているということだ。

## 経済の世紀から環境の世紀へ

年々上昇する気温と、多発するハリケーンや台風などの大災害。環境の激変に絶滅の危機にさらされる動植物。森林の減少、地球の砂漠化は止まないまま、人間の数は増え続け、世界的な食糧難、水不足が始まろうとしている……地球環境の異変が日々のニュースでも頻繁に報じられるようになった。

環境問題が最初に世間の話題に上がったのは、1990年代に入ったあたりだっただろうか。エコロジーが時代のキーワードとして喧伝され、官庁、企業は競うように環境部門を新設。それなりの社会の動きはあったが、一般にはあまり危機感をもっては伝わらなかったように思う。地球温暖化といった話題は余りに大規模で複雑過ぎて身近な問題として捉えにくく、何より経済の繁栄を第一とする社会全体の風潮が、環境に対して人々を鈍感にしていた。

だが、今日、世界各地で起きている異常な事態は、紛れもない現実である。この先世界がどうなるか、正確な未来は誰にも分からないが、少なくとも、地球資源には限りがあるということ、その限界点を、先進国中心の人間文明の猛威が超えつつあるのは確かだろう。

そうした時代の流れを反映して、今日の産業、技術社会の関心は、経済効率の追求から環境問題の解決へ、180度方向転換している。木材の伐採による自然破壊と大量の建設廃材を排出し、存在自体が〝環境問題の元凶〟とも言われる建築も同様だ。ダブルスキン、エアフローウィンドウといった熱負荷を低減するファサードのシステム、冷暖房や給湯のエネルギー源に太陽熱を利用するソーラーハウス、節水型の水洗トイレや合併処理浄化槽による水循環手法――など、少しでも環境に負荷をかけない建物をつくろうと、さまざまな試みが行われている。

完全に工業化され得ない建築産業の特質ゆえ、他分野のような生産システム自体の改革はなかなか難しいが、努力は続けていくべきだろう。小さな点の取り組みであっても、それが重なって面をなせば、相応の効果は得られるはずだ。

## 環境のために、建築が出来ること

だが、忘れてはならないのは、それ自体〝環境〟の一部である建築にとって〝環境問題〟は、〝技術的問題〟と完全には割り切って考えられないことだ。

例えば今日の〝省エネ〟デザインの主流の一つであるオフィスビルのファサードデザインは、要するに内部空調にかけるエネルギーを最小限に出来るよう、建物外皮の性能を上げていこうという考え方に基づくものだが、より根本的な解決手段として、空調を使わないという選択肢もあるだろう。高度なテクノロジーの開発に心血を注ぐのもいいが、その前に建物のつくり手、使い手と一緒になって、自然に風の抜けるオフィス空間のあり方を考える努力があってもいいはずだ。

私のいわゆるデビュー作〈住吉の長屋〉は、大阪中心部の過密地域につくったコンクリートの長屋である。住居の真ん中が中庭であり、各室は全て外気に直接接するが、冷暖房の設備はない。スペース、コストともに限られた条件の中で、内外空間の交流、自然との対話を最優先した結果、この構成に行き着いた。

自然と共に生きる生活とは豊かさと同時にその厳しさをも受け入れるということである。クライアント夫妻に完成した家を引き渡す際、私は「この家は、普通の家にないものがある。だが、その分住みにくい部分もあるかもしれない……夏暑いときは1枚脱ぎ、冬寒い時は、もう1枚重ね着して……頑張って住みこなしてください」と頼んだ。無茶を言ったものだが、夫妻はライフスタイルの問題を含め、新しい家を受け止めてくれた。「自然の変化を大きく感じられるのが、この小さな家の魅力だ」と笑いながら、30年を経た今なお、変わらぬ姿で住み続けてくれている。

建築設計の目的とは、合理的で経済性にすぐれ、何より快適な建物をつくることだ。だが、閉ざされた室内で息を殺しているのと、多少不便でも天を仰いで自然と呼吸できることのどちらが〝快適〟か——決めるのはそこで過ごす人間である。生活のあり方、価値観の問題まで踏込んで考えれば、建築の可能性は広がり、もっともっと自由になるだろう。人間の心身とは思うよりもずっと強いものだ。

冷暖房を設けず、中庭で外気と接する住吉の長屋。
撮影＝髙瀬良夫／GAフォトグラファーズ

高度なテクノロジーの開発に
心血を注ぐのもいい。
だがその前に、建物のつくり手、
使い手と一緒になって、
空調を使わないオフィス空間の
あり方を考える努力が
あってもいいはずだ。

これ以上化石燃料を濫用しない――省エネルギーと共に、建築の分野で考えるべき大きな課題は〝いかに建物を長持ちさせられるか〟という建物の寿命の問題である。

これまでの、いわゆるスクラップ・アンド・ビルドを改め、例えば建物の寿命を2倍に出来れば、建設に費やされるエネルギー、排出される廃棄物の量ともに、大幅に減らせる。それはまた温暖化の原因といわれる二酸化炭素排出量の低減にもつながる。建物の高寿命化が社会に有益であるのは誰の目にも明らかだ。

だが、この問題についても、これからつくる建物の技術開発の課題としてのみ捉えるのは早計だ。破壊と建設の悪循環を断ち切るのが目的ならば、まず変わるべきは「建物も消耗品」とする人々の価値観だ。次世代住宅といって、優れた環境技術の生活に移ろうと、まだ住める建物を壊してしまうのでは意味がない。より新しい〝商品〟への更新を〝豊かさ〟と思っている限り、スクラップ・アンド・ビルドは止まないだろう。

重要なのは、これからいかにつくるかと同時に、今既にあるものをいかに生かせるかということ――。そして見えてくるのが、愛情を持って建物をメンテナンスしていく努力を続けること、そして、その先にある、建築の再生、再利用という主題である。

建築の再生と一口にいっても、傷んだ建物を修復・改築して蘇らせるリノベーションや、ロンドンのテートモダンのように、社会的な理由で用をなさなくなった建物の用途を変えて、新しい命を吹き込もうというコンバージョンなど、いろいろなケースがある。日本では、都心部のオフィスビルの過剰供給が社会問題となったのをきっかけに、ようやく最近になって、オフィスを住宅などに転用するコンバージョンの手法などが注目され始めたところだが、石造りの建築文化を持つヨーロッパでは、古くから普通に行われていることだ。とりわけイタリアの歴史都市などはその思想が徹底しており、これまで私がイタリアの諸都市で関わったいくつかのプロジェクトも、いずれも旧い建物の再生を前提とする計画だった。

建築の再生は決して容易な仕事ではない。旧いものであればあるほど、経済的にも技術的にも負担は大きく、新築の方がよほど効率良く〝楽〟につくれる、というのがつくる側の普通の感覚だろう。だが、イタリア人の発想は違う。

ヴェネチア近郊のトレヴィゾという街で、私にとってはじめてのイタリアでの建築――ルチアーノ・ベネトンの依頼によるコミュニケーション・リサーチセンター〈FABRICA〉――をつくったときである。敷地に残る17世紀の貴族のヴィラを増築改修して再生させるという計画で、私はイタリアの古材バンクの存在を知った。これは、ルネサンス期あたりからの旧い建材を、解体の際に回収、保存する制度で、歴史的建造物の改修の際は、そこから資材を購入することが出来る仕組みだ。

古材バンクの成立には、ルネサンス文化の拠点であるヴェネチアが、海上都市という立地ゆえ、常に建材不足に悩み、ある材料を大切にせざるを得なかったという歴史的経緯があるのかもしれない。だが、それを現代にまで機能させ続けているのは、旧さにこそ価値を見出し、それを後世に伝えることを、今に生きる人間の責任と考えるイタリア人のすぐれた国民性である。

〈FABRICA〉では、法手続きなどに手間取ったこともあり、日本なら1年半位の工事に、結局8年間もの時間を

ファブリカ。イタリアには古材バンクという制度がある。
撮影＝Francesco Radino

要した。丁寧にじっくりと時間をかけ、多大なエネルギーを費やしても、都市の記憶を守っていく――100年、200年というスパンで都市が考えられているのである。

　対して日本は戦後の消費主義社会への傾倒と、それ以前に長らく木造の建築文化に親しんでいたせいもあるのだろうか。コンクリートの建物でも旧くなれば壊して建替えるのが当たり前という感覚が一般に強い。

　時間が経つほどに魅力を増す都市と、新しさにのみ価値をおきスクラップ・アンド・ビルドを続ける都市と、どちらの風景に人間の未来を感じるか、答えは明らかだ。建物を長生きさせることは、地球〝環境〟への配慮でもある

パラッツォ・グラッシ。
18世紀後半の貴族邸を現代美術館として再生。
撮影＝松岡満男

が、それ以上に私たちの生きる都市〝環境〟を豊かにするものでもあるのだ。

日本の都市が次の時代を生き抜こうとするなら、建築の再生、再利用を、工法や設計思想とともに、法律を含めた社会の仕組みとして真剣に考えていかねばならない。旧くなったものをゴミとする消費主義を脱し、あるものを生かして、過去を未来につなげていく。モノを大切にして生きる、古き良き時代の日本人の心を取り戻せば、きっと日本ならではの都市の風景も出来るはずだ。

## 逆転の発想――大谷地下劇場計画

純粋な建築とは少し異なるが、再生というテーマで面白いプロジェクトを試みたことがある。1995年に自主提案としてまとめた、〈大谷地下劇場計画〉だ。

敷地は栃木県宇都宮市大谷町、フランク・ロイド・ライトの旧帝国ホテルの外壁に使われたことで知られる、大谷石の採掘場に関わる提案である。

大谷石の採掘は、10メートル四方の広さの竪坑を軸に、碁盤目状に横坑を走らせる形で行われる。深いところでは地下80メートルにも及ぶ。

講演会で宇都宮市を訪れた際、観光のついでにと、市の人に案内され、大谷の地下坑の一つに足を踏み入れた私は、インドのアジャンタやトルコのカッパドキアの洞窟修道院にも勝る、荘厳で深遠な雰囲気を持ったその空間に驚き、大いに想像力を喚起された。そして頼まれもしないのに、勝手な構想を始め――生まれたのが、この計画である。

これ以前にも、大谷の歴史を伝える資料館や音楽、演劇のイベント会場など、地下坑を生かそうという事業の試みはあったが、私が考えたのは、そうした単純な既存の地下坑の再利用ではない、採掘後の空間利用を前提に行う大谷石の採掘計画そのものだった。即ち、計画的に石を切り出すことで、自動的にあとに残る空隙が劇場になるというアイデアである。

平面的には10メートル間隔で〝柱〟を残す。深さは、石を地表から15メートル残した上で、地下30メートルの範囲まで。定められた二つの構造条件を手がかりに、既成の建築の枠組みを突き抜けるような、自在な地下空間のイメージを描いた。

プロジェクトの肝は、石の採掘という、建築が目的ではない開発行為の結果を、そのまま建築空間として読み替えるという逆転の発想である。普通、地面を掘り込んで地下空間を建設しようとしたら、掘削土が余剰物として発生する。その行き先を考えるのが厄介な問題なのだが、この計画で削りだされるのは、建材として販売することができる大谷石だ。また、石切職人の通常の仕事が、地下劇場の建設工事となるわけだから、高度な建築技術や工事監理は必要ない。採掘事業としての採算性が確保されれば、結果的に建設に費やされるエネルギーは〝ゼロ〟ということが出来るだろう。工期は石が切り出されるまで、すなわち未定、ということになるが、「これまでにない、おもしろいものができるだろう」と、私は自信を持って、市の関係者に提案した。
　結果は賛否両論、さまざまな反応があったが、事業計画云々に至る前に、そんな石の地下空間がパブリックの劇場として法的に認められるかという問題でつまずいてしまった。当時の建設省（現国土交通省）に掛け合ったのだが、いくら構造的な根拠を示しても危険だと言って許可を出してくれない。
　そのまま現在に至るが、私はあきらめずにチャンスが訪れる日を待っている。待つ間に、同じ発想でつくる石の教会など、ア

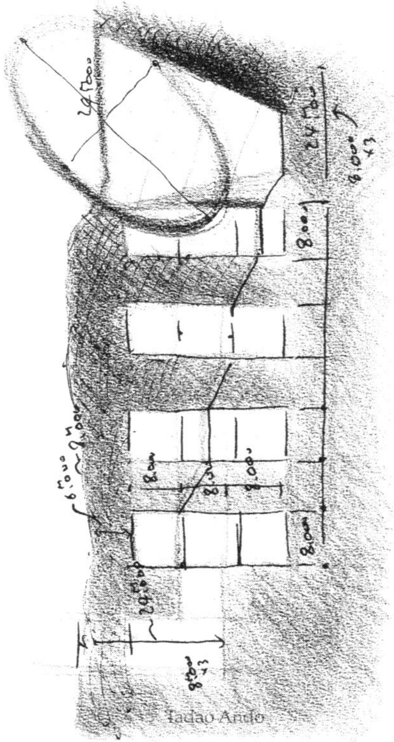


大谷地下劇場計画、スケッチ。

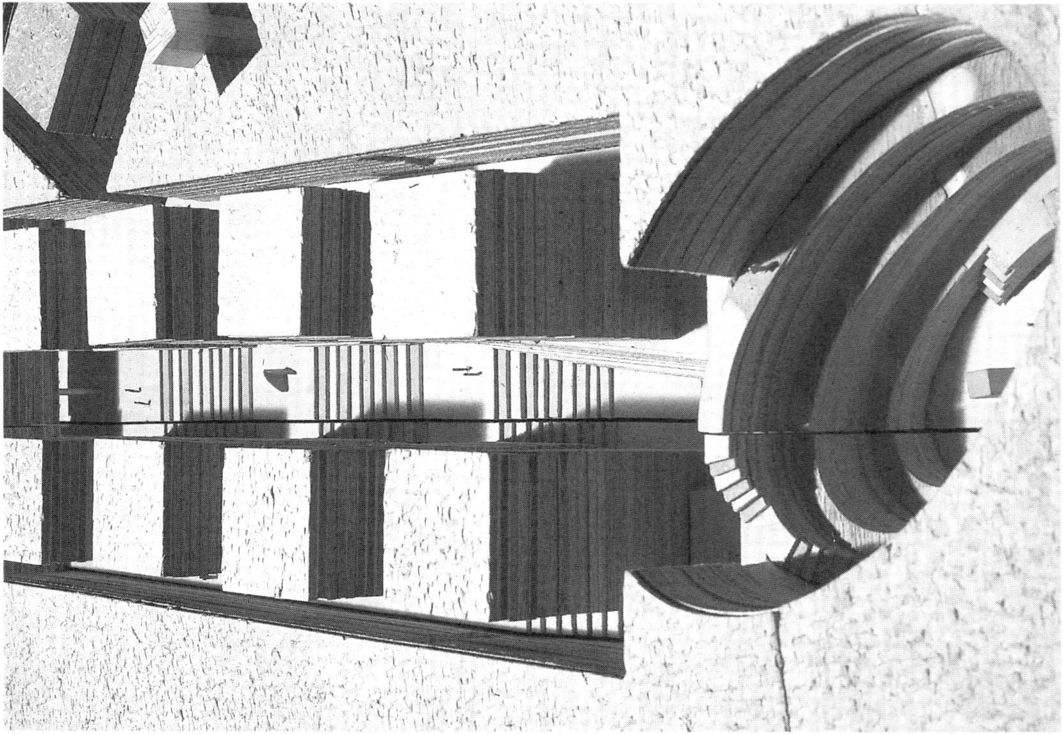

イディアはますます膨らんでいる。

建築とは本来的に、環境に負荷を与えざるを得ない行為である。真面目に考えれば考えるほどそのジレンマがあって、余り理念を追いすぎると〝何もつくれない〟という状況にも陥りかねない。それゆえ建築の分野の環境配慮というと、とかく「設定された目標数値をクリアする」というような、消極的な方向に進みがちだ。

だが根本において、「自身を取り巻く空間がどうあってほしいか」と建築を考えることは、環境を考えることと同義である。建築単体で、環境に働きかけるのが難しくても、例えばその建築が立地する地域、システムにまで視野を広げ、ソフトも含めて総合的に考えることで、見えてくるものはあるはずだ。

環境問題を新しい創造の機会とするような気概と発想力を、建築のつくり手は持つべきである。その挑戦をときに受け止められるような勇気を、社会には期待したい。

## つくらないという都市戦略——東京の再編計画

現在、2016年のオリンピック招致を目標とした東京の都市再編プロジェクトに、アドバイザーとして参加している。

3000万人の人が集まって生きる首都圏東京は、〝都市の時代〟と言われる21世

大谷地下劇場計画、模型。

紀世界の一つの象徴だ。

人間とモノと情報がひしめき、ぶつかり合う、その圧倒的なエネルギー、選択肢の多さが大都市の魅力である。だが半世紀にわたる〝成長期〟を経て、建設、廃棄物、水の問題といったさまざまな面で、東京の都市は既に飽和状態に達してしまった。この大都市が、次の時代も生き続けていくにはどうしたらいいか――。

かつて建築家が描いた〝未来都市〟のような、大胆な都市改造で一気に状況が変わるというのは期待できない。だが、東京には、公共交通機関の充実したコンパクトな都市形態や、都市化の進むエリアの傍らに、代々木公園から明治神宮、新宿御苑、北の丸公園といった大きな緑が手付かずで残っている点など、集中度の高い都市ゆえの長所も確かにある。

私達が考えているのは、このポテンシャルを充分に生かした、成熟した都市東京への転換――地球環境の危機が叫ばれる時代に相応しい、親密で温かい都市のグランドデザインである。必要な都市施設は、可能な限り既存の建物を再生・再利用して整備する。新しい都市の名所は、そうして掘り起こされる東京の歴史と自然だ。

都市の威光を示すためだけの、壮大なモニュメントは必要ない。代りに、もっと街路樹を増やして、都市の隙間に緑を増やしていく。点在する大小の公園、森をつなぐ緑の〝回廊〟を都市全体に巡らし、風の抜ける街にしていこうという考えである。

代々木公園など、東京には手つかずの緑が点在している。
©YOICHI TSUKIOKA/SEBUN PHOTO/amanaimages

街を歩く人間の視点から始める都市再編——過去を否定し、歴史を破壊することで〝発展〟してきた東京にとっては、180度の方向転換である。

さまざまな利害の交錯する現実の都市では、そう理想通りに事は運ばないだろう。だが、大きな面積を一気に変える必要はない。まずは小さな点から、ゲリラ的に攻め込んでいく。その点を結んで一つのネットワークをつくり、それを次々に重ねていくことで、都市全体に働きかけていけばいい。つまり、マスタープランのない、その地域の特性に応じた現場主義の都市計画である。

都市のハードの改革は、都民のライフスタイルの改革でもある。浪費することが豊

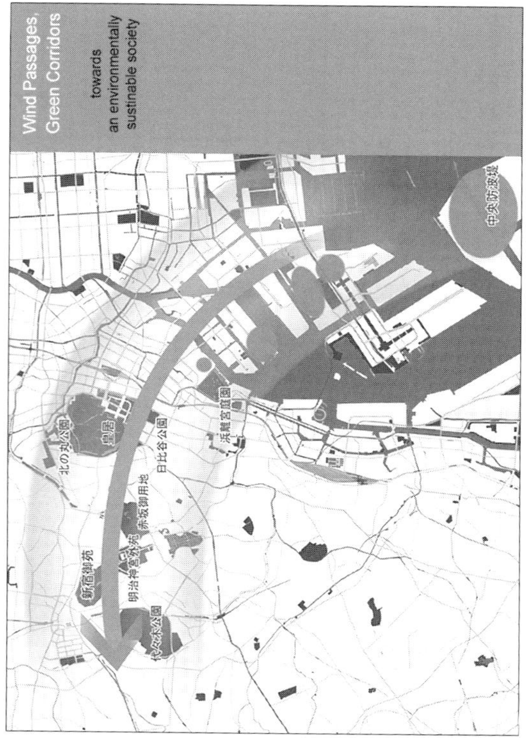

かであるという時代はもう終わった。交通網の発達した都内ならば、移動を自動車に頼ることはない。自分たちの足で歩くことを中心に考えていけば、より美しく、歩いて楽しい街へと人々の意識も高まっていくだろう。

日常の生活風景にしても、アイディア次第で、リサイクル出来るものはまだまだある。限りある資源の中で、いかに工夫して自身の生活を充実させ、環境に対する責任も果たしていけるか。生活にも創造力が求められる時代なのである。

## 海の森プロジェクト

今回の東京再編の、シンボルプロジェクトは、街路樹による〈緑〉の回廊を最後に東京湾で受け止める〈海の森〉である。

これは東京湾上のゴミの埋立地に植樹し、緑の森として再生しようという計画だ。豊かな暮しを追い求めた結果の、負の遺産として嫌悪されてきた場所に命ある風景を取り戻す。脱〝大量生産・大量消費〟のマニフェストの意味を込めたプロジェクトであるが、重要なのは、その〝死地〟の再生が、一口1000円、50万人の寄付による市民参加形式で、少しずつ時間をかけて行われる点である。

環境問題とは結局、現代社会の人工と自然のアンバランスな関係の問題だ。この解

東京都市再編のイメージ。緑の回廊。風の抜ける街。

決方法を、建築、都市の領域で突き詰めて考えていくと、前時代のような、自然に依拠した生活に回帰するか、あるいは、さらに技術開発を推し進め、人工世界をよりコンパクトにしていくか。両極端二つの方向性に行き着く。
いずれの方向にしろ、問題になるのは、その実現のために、都市活動を何らかの形で制御しなければならないこと、人々にある部分で我慢を強いる点だ。
未来のために、今を変える勇気を持てるか否か――環境問題は、人間が何を選択するか、その意識をどれだけ多くの人で共有できるかにかかっている。
その意味で、〈海の森〉プロジェクトは、東京の未来だけではない、地球

2008年5月、U2ボノ氏と植樹。

の未来を思う運動でもある。限界まで巨大化した都市だからこそ、そこから、来るべき環境の世紀への第一歩を記すことができれば、世界に対し大きなインパクトを与えることが出来るだろう。

2007年に最初の苗木を植えてから1年余り、今では海外からも賛同の声が寄せられるようになった。世界的ロック・バンドU2のヴォーカリストのボノさん、「モッタイナイ」のフレーズで有名なケニアのワンガリ・マータイさんも、運動の趣旨に共感して、実際に現地での植樹にも参加してくれた。

東京の〈海の森〉は、〈地球の森〉としての意味を持ち始めているのだ。

## なぜ木を植えるか

実は、こうした環境運動に参加するのは、〈海の森〉が初めてではない。1995年の阪神淡路大震災の後、亡くなった人々の鎮魂と、残された人々の心の復興のためにと、被災地に白い花の咲く木を植えていった〈ひょうごグリーンネットワーク〉、産廃のシンボルとさえ言われた豊島の再生と共に、瀬戸内の自然保護を目指して始めた〈瀬戸内オリーブ基金〉、大阪の中之島を中心とした河川敷の桜並木をさらに延ばし、世界一の桜並木をつくって街をもり立てようという〈桜の会・平成の通り抜け〉

――など、これまで、いくつもの市民参加型の植樹運動に積極的に関わってきた。

メディアに出れば、木を植える話ばかりをする私に、多くの人が「なぜ建築家が木を植えるのか」、「なぜ植樹運動でなければならないのか」を問う。

前者の問いには、「建築づくりも森づくりも、同じく環境に働きかけ、新しい価値を場所にもたらそうとするものだから」と答え、後者には「木を植えて緑を増やすことが、最も単純でかつ直接的な環境改善の行為であるから」と答える。

だが、植樹活動の本当の意味は、植えること自体でなく、植えた後、つまり木を育てるプロセスにこそある。きちんと水をやり、相応の手間をかけて育てていかないと、木は根付かない。木を植えることは、始まりであって、終わりではないのだ。

環境とは、与え、与えられるものではない、育ち、育てるものである。その育てる苦労を通じて、私たちは、環境を変えることが、自分たち自身を変えることだということに気付く。活動になるべく子供の参加を期待するのは、この苦労と感動を、もっとも多感な時期に体験して欲しいと思うからである。

単なる環境問題の対症療法ではない、子供たちの未来を育む第一歩として――それが、私が思う、一番の木を植える理由である。

海の森のポスター。

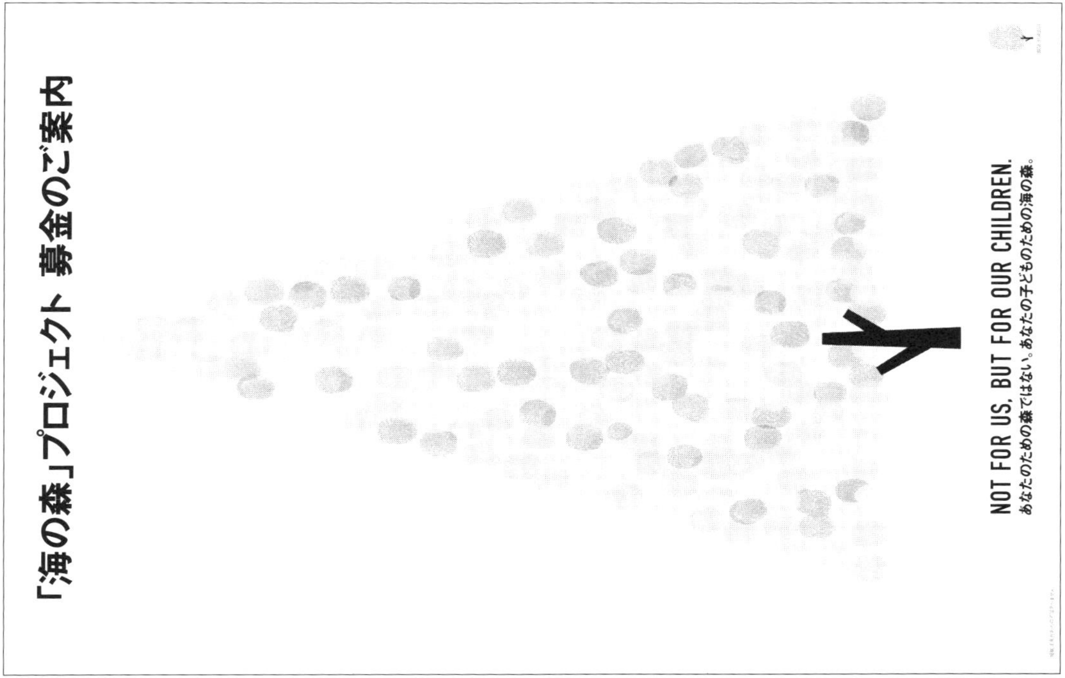
「海の森」プロジェクト　募金のご案内
NOT FOR US, BUT FOR OUR CHILDREN.
あなたのための森ではない。あなたの子どものための海の森。

# 第12章 日本人のスピリット

撮影＝荒木経惟

## 阪神淡路大震災

1995年1月17日、マグニチュード7・2の大地震が淡路島から阪神地方一帯を襲った。当日、仕事でロンドンにいた私は、CNNのニュースで地震のことを知り、慌てて先の予定をキャンセル。帰国して、翌々日の19日、大阪の天保山から小型船で神戸のメリケン波止場に渡り、大きく崩れた埠頭の敷石や、無残に建物が倒された旧居留地の惨状に驚きながら、瓦礫の山を縫って、三宮まで歩いた。

見慣れた街が、文字通りの廃墟と化していた——あのときの衝撃は、生涯忘れることはないだろう。建築を仕事としてきた人間の一人として、「自分は、何も出来なかったのだ」と、自分への憤りと大きな無力感に襲われた。

震災の後、数ヶ月の間は、事務所の仕事を一旦全て中断して、時に一人で、時に事務所のスタッフと共に、被災地を歩いてまわった。被災地につくってきた建物の被害状況を一軒一軒自分たちの目で確かめていくのと、何より、あの風景の凄惨さを、深く心に焼き付けておきたいと思ったからだ。復興には10年以上かかるだろう。そのエネルギーを自分自身、持続させるためには、この悲惨な現実をしっかり見据えておかねばならない——。

阪神淡路大震災、神戸の長田地区。
撮影＝黒住周作

地震で傷ついた神戸の街のために何か出来ないか。考える中で、依頼もないまま、復興ハウジングプロジェクトの構想を始めた。同時に、亡くなった人々への鎮魂の思いを込め、白い花を咲かせるハクモクレン、コブシ、ハナミズキの樹を住民自身の手で被災地に植えていく〈ひょうごグリーンネットワーク〉運動を始めた。

復興を急ぐ余りに、人間の気持ちを置き去りにしたような都市再建が行われてはならない――10年後の神戸のためにと、必死で走った。

地震によって、私の人生観は大きく揺れ動き――同時に現実の仕事にも大きな影響があった。淡路島で進めていた〈淡路夢舞台〉の計画だ。設計を終え、じきに着工という時期にきていたのだが、なにしろ敷地は震源のすぐそばである。設計見直しどころか、プロジェクトそのものの存続が危うい。

だが、私には〈夢舞台〉の先行き以上に、地震の4年前、1991年につくった一つの建物が気がかりだった。地面に水盤を設け、その下に建物を埋め込むという大胆な構造を提案したもので、大丈夫だろうかと心配していたのだが、現地を訪れると、幸い建物は全くの無傷。その上、水盤の水が地域の人々の生活用水として役に立ったと聞き、安堵した。その建物が、真言宗御室派に属する本福寺の〈水御堂〉――私が初めて設計した寺院建築である。

阪神淡路大震災の後、
被災地を歩いてまわった。
被災地につくってきた建物の
被害状況を自分たちの目で
確かめていくのと、
何より、あの風景の凄惨さを、
深く心に焼き付けて
おきたかったからだ。

## 淡路島、蓮池の下にお堂をつくる

大阪湾を一望する小高い丘の上に建つ、〈水御堂〉へのアプローチは、丘を登る小道からはじまる。緑の丘を上り詰めた人々を待ち受けるのは、コンクリートの壁を背景とする、白砂を敷き詰めた前庭。壁に穿たれた開口部をくぐりぬけると、さらにもう1枚、今度は緩やかな曲面を描くコンクリートの壁が現れる。青空と足下の白砂以外何もない、2枚の壁に切り取られたこの空白の空間が、お寺の参道である。

白砂を踏みしめる自身の足音の意外な大きさに驚きながら進んでいくと、壁の終わりと同時に突如視界が開け、長径40メートル、短径30メートルの楕円形の蓮池が目の前に広がる。その池の中央に切り込まれた地下への階段が、水面下の御堂への入口だ。

本福寺の檀家代表である三洋電機の井植敏さんから設計の話を打診された時、若い頃インドで見た、あたり一面を自生する蓮が覆う蓮池の風景が脳裏に浮かんだ。

仏教では、蓮は悟りを開いた釈迦の姿の象徴と言われる。ならば、従来のような象徴的な大屋根で権威を示すための建物ではなく、この蓮池で仏や衆生の全てを一緒に包み込む御堂が出来ないか。形ではなく、迂回するアプローチから蓮池の下をくぐり、

真言宗本福寺水御堂。お堂の上に蓮の池を設置した。

お堂を訪ねるという空間体験そのもので、仏教の精神世界を表現できないか――。

　蓮池の下の御堂のアイディアを、ご住職や檀家に話すと、「大事な御堂の上に水を張るなんてとんでもない……屋根のないお寺なんて考えられない」と猛反対を受けた。

　檀家と建築家の間に挟まれ、困った立場に追い込まれた井植さんは、悩んだ末、親しくされていたある高僧に相談された。当時90歳を超えていた、大徳寺の立花大亀大僧正である。話を聞いた大僧正は、「仏教の原点である蓮の中に入っていくのは素晴らしい。ぜひ実現してください」と思いもよらぬ答えを返してくれた。その一言で状況は一変、プロジェクトは一気に動き出した。

　楕円形の蓮池の下、丘状の傾斜地に埋め込むように配したお堂の内部は、方形の室の中に円形の室をコンクリートの壁で囲いとり、その中を角柱と格子のスクリーンで内陣と外陣に分割する構成とした。

　地下の空間を特徴付けるのは、ちょうど内陣の背後の位置に、正確に西側を向いてある大きな格子窓と、その格子に施された鮮やかな朱色の仕上げだ。外光はこの赤いフィルターを通して室内に入り込み、空間全体を柔らかな朱色で包み込む。目指したのは、鎮座する本尊の背後から、西方の光が差し込む西方浄土の空間――仏教の説く西方の理想郷のイメージだった。

発想の原点は、かつて見た兵庫県小野市に建つ浄土寺浄土堂の記憶である。およそ800年前、鎌倉時代に重源がつくった播磨路の古寺。力強い構造むきだしの空間を、落日の光が一瞬真紅に染め上げる。あの幻想的光景を現代建築の手法で再現しようと考えたのだ。

一般的に、仏教建築というのは土着的なものであり、その分とても保守的である。設計においては〝新しさ〟よりも、伝統の形式に忠実であることが期待される。

しかし、私は、権威主義的な大屋根のイメージにこだわり、各宗派特有の数多い約束事に応えることよりも、そこが地域の人々にとって特別な聖域、心の拠り所として、ずっと受け継がれていくべき場所であることの方を重要に考えていた。人々が集まって、互いの存在を確かめ合える——そんな広場としてあるお寺の建築にこそ、仏教徒でない自分がプロジェクトに関わる意味を感じていた。

建築のアイディアは、なかなか受け入れてもらえなかったが、このお寺を大切に思う気持ちは伝わったのだろう。住職と檀家の人々は勇気ある決断を下してくれた。

完成から20年余り、大地震に耐えて建ち続ける水御堂は、成長する周囲の樹木に包み込まれるように建つ。その静かな風景を、夏のひととき、池一面に咲く蓮の花の鮮やかな赤が彩り、建築に命を吹き込む……。

池の中央の階段から御堂へと入っていく。
(真言宗本福寺水御堂)
撮影＝新建築写真部

## 伝統の精神

私のつくる建築は、とりわけ海外の人々に〝日本的〟と評されることが多い。〝光と影〟のモノクロームの世界、あるいは空間における〝無〟や〝間〟と呼ばれるような日本的美学が、コンクリートで囲われた簡素な空間に潜んでいると彼らは言う。

しかし、私自身には、意図的に〝日本〟を表現しようという気持ちはない。あるとすれば、関西に生まれ育ち、奈良・京都の古建築と身近に接する中で、自然と身体に培われた感性だ。それが、コンクリートと幾何学による限定された手法の中で、無意識に表現されているために、海外の人の目には、かえって強く〝日本〟が感じられるのだろう。

伝統的な寺院建築などに取り組む場合でも、とりたてて〝日本〟を意識する気持ちはない。本福寺の〈水御堂〉はコンクリート造であったが、伝統に近付きやすい木造建築の仕事でも考え方は同じだ。

1992年に開催されたスペインのセビリア万国博覧会で、西欧の石の文化に日本の木の文化で応えようと〝世界最大級の木造〟をテーマにつくった、高さ25メートル、

お堂の中は、朱に染められた空間(真言宗本福寺水御堂)。
撮影＝新建築写真部

下見板張りの木造パビリオン〈セビリア万国博日本政府館〉。そのセビリアのコンセプトを受け継いで、1994年の全国植樹祭にあわせて、兵庫県の緑深い山間部に切り込むようにつくった〈木の殿堂〉。愛媛県西条市で、江戸時代から続く浄土真宗寺院を建て替え、水池の上に浮かぶ光のお堂を新たにつくった〈南岳山光明寺〉――。これまで手掛けた木造は、いずれも日本の伝統的建築とは異なる構えを持っている。

正統的な木造寺院の建て替えであった〈南岳山光明寺〉でも、使った材料は全て集成材、屋根はフラットルーフ。ディテール工法も、組み物などの装飾的な要素、伝統的モチーフの引用は一

1992年、セビリア万国博覧会日本政府館。
撮影＝松岡満男

切ない、あくまで現代の感性による建築だ。
　だが、過去の形式に捉われないといっても、私は決して、伝統的建築のすぐれた創造性を、先人が長い時間をかけて築き上げた空間の豊かさを否定するわけではない。
　一つ一つの部材を組み上げ、全体を形づくっていくがゆえの構造美、木肌の美しさを活かした生成りの素材感、あるいは夏、蒸し暑い日本ならではの深い軒の表現、庭と一体化して自然と融けあうような涼やかな建築の構え……など、伝統的建築の感性は、若い頃から自分の目と足で培ってきた経験として、身体に沁み込んでいる。目に見える形ではない、その空間のエッセンスを、私は自分なりの方法で表現したいと思うのである。

　伝統なるものにいかに応えるか。これは、現代建築の普遍的主題の一つだろう。
１９６０年代後半から、画一的な現代建築の表現を批判して、「建築に多様性を取り戻そう」という、いわゆるポストモダン・ムーブメントがわき起こった。そこで、歴史と伝統の再生は、ポストモダンの主軸となり、全盛期には歴史的な建築の形のモチーフを引用した、キッチュな建物がしばしばつくられ、世間を騒がせた。
　私も、地域の固有の伝統や、風土を無視して、経済性、機能性ばかりを追求する建築のつくり方には強い反感を持っている。その場所にしか出来ない建築のあり方、建築を通じての場所の記憶の継承を、自身の仕事の普遍的なテーマとして考えてもいる。

だが、伝統や場所性の再生を、そのまま〝形〟の引用に結びつける、ポストモダン的発想には共感出来ない。伝統的な形態モチーフをつぎはぎしただけの建物で、過去とのつながりを、未来への展望を表現できるとは思えない。

元来日本人には、宗教建築のような永遠性が期待されるものであっても、その伝承を、モノ自体ではなく、そこに表現された精神に求める感性があった。例えば、日本建築の原点の一つと言われる伊勢神宮には、式年遷宮といって20年に1回ずつ、同じ形式の社を繰り返し、新しく建替え続けるという世界的にも珍しいしきたりがある。

五十鈴川を渡り、大鳥居をくぐり、参道の砂利を踏みしめ、やがて見えてくる板垣越しに見える風景は、決して古代につくられた社そのものではない。だが、鬱蒼とした森の中に切り取られた白い神域に身をおいて、屋根の千木や堅魚木の片鱗を見つけたとき、私たちの心には確かに日本の原点に触れたような、深く静かな感動が訪れる。

伝統とは、目に見える形ではない。形を担う精神である。その精神を掬い取り、現代に生かすことこそが、本当の意味での伝統の継承なのだと、私は考え、自身の建築をつくっている。

兵庫県の山間部につくった木の殿堂。
撮影＝松岡満男

南岳山光明寺。
撮影＝松岡満男

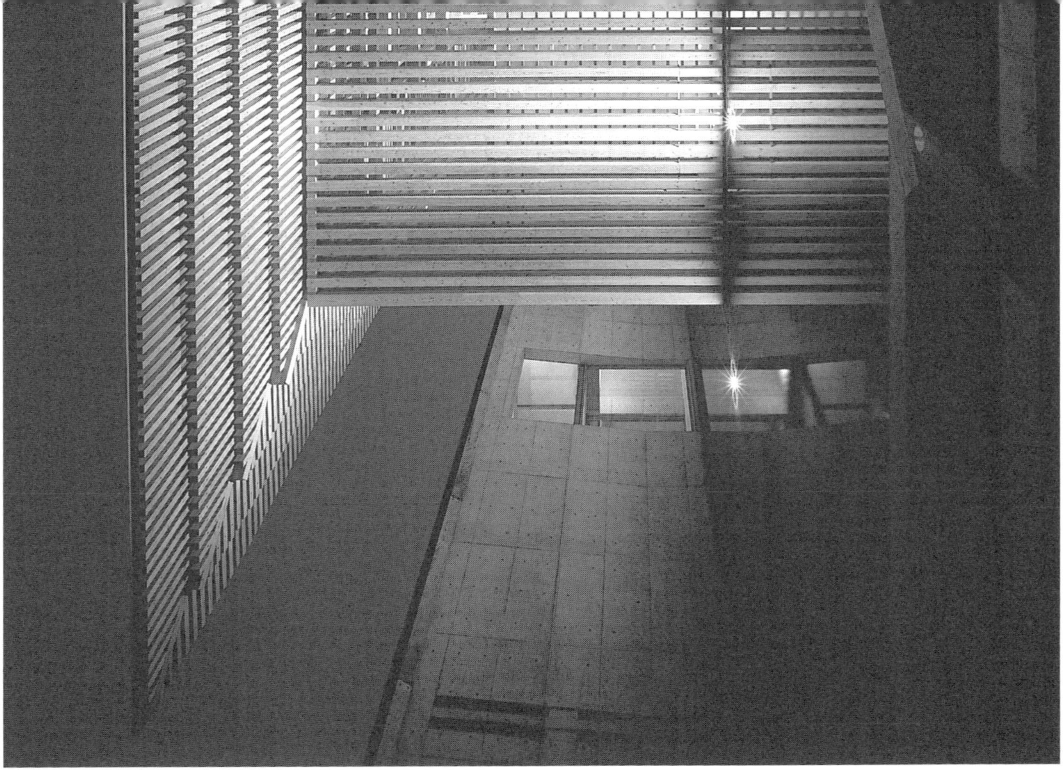

## もう一つの日本文化

建築に限らず、日本文化の独自性を探っていくと、結局最後に行き着くのは、四方を海に囲まれた島国の豊かな自然という地点である。

温和な気候のもとに広がる、山川に沿った穏やかな地形を、春の桜、秋の紅葉、夏の深緑、冬の白雪と、豊かな四季の風景が覆う。外国の脅威を感じることなく、岩山や砂漠のような人間を威圧する厳しい自然もない――この小規模で変化に富んだ自然環境が、日本人の自然に対する感覚を鋭敏にし、20世紀初頭に日本を訪れたフランスの詩人ポール・クローデルをして〝世界一美しい国〟と言わしめたほどに美しい、独自の生活文化を育んだ。

特筆すべきは、そうした感性が、近世に、広く大衆に浸透したことである。浮世絵、歌舞伎といった伝統芸術が、人々に身近な存在としてあった日本は、当時の国際世界において、異例の民度の高さであった。

そんな日本文化の特徴として、よく言われるのは、大陸の雄大で誇張的な表現と対照的な、集約的で洗練された表現である。端的な例をいえば、数奇屋の茶室や、龍安寺の石庭に代表されるような内向的な緊張感ある美の世界。生成りの素材を愛し、簡

素さに美を見出し、流動的で自然に溶け込む暮らしをよしとする感性だ。

だが、古代から鎌倉時代あたりの日本の建築をじっくり見直してみると、こうした繊細な〝島国の美学〟の大本となったもう一つの日本文化の顔が見えてくる。

90年代初め、日本有数の古墳密集地として知られる大阪府南河内郡に、古墳文化の展示と研究を目的とする博物館〈近つ飛鳥博物館〉をつくったときだ。緑の森の谷間に位置する敷地周辺には、200基以上の古墳が点在しており、その中に、前方後円墳で知られる仁徳天皇陵があった。

計画にあたり、現地に足を運び、濠

平面スケールでは世界最大、仁徳天皇陵。
写真提供＝大阪府立近つ飛鳥博物館

の水に囲まれ、草木に覆われた全長約480メートルの巨大な墳墓の周りを自分の足で歩いた。墳墓の高さは自然の丘陵と変わらないが、平面スケールにおいては、エジプトのピラミッドをもしのぐ、紛れもない世界最大の構築物だ。

面白いのは、その形状が、地上の人間の目線では捉えられないという点である。飛行機の発明により、空からの視点を手に入れた現在だからこそ、私たちは前方後円の形を理解できるが、それを持たない古代日本人が、何ゆえに自分たちが見ることが出来ないモニュメントを、膨大なエネルギーを注いでまでつくったのか――。

建設当初の古墳は、今のように樹木の生い茂った状態ではなく、盛り上げた封土の全面が葺石で覆われていたというから、もし当時の河内平野を空から見ることが出来たら、自然の平原の中に前方後円の幾何学が浮かび上がる、さぞかし力強く壮大な風景を目にすることが出来ただろう。古代の人々が、空から見た世界を想い、大地に標した数十年がかりのアースワーク――何と雄大な建築の物語だろうか。

この天皇陵に想像力を喚起され、生まれたのが、何十万個の白い花崗岩の葺石で覆われた大階段を屋根に持つ、〈近つ飛鳥博物館〉だった。

古墳以外にも、雄大な気分を伝える日本建築は存在する。建設当初は木造で16丈、48メートルという、信じられない高さを誇っていたといわれる、もう一つの日本建築の原点、島根の出雲大社。断崖に挑むようにつくられた鳥取、三徳山三仏寺の投入堂。幻想的な水上の伽藍配置を持つ、安芸の宮島の厳島神社。ダイナミックな、二重螺旋スロープの塔、会津のさざえ堂。重源の手による東大寺の諸建築も、実に逞しい人間の構想力を感じさせる。

自然を愛しむ繊細優美な感性の一方、自然に拠りながら、雄大で大胆な世界を切り拓く創造力——相反する個性が同居し、拮抗する懐の深さに日本文化の個性と豊かさを、私は感じるのである。

近つ飛鳥博物館の大階段の屋根は、
何十万個もの白い花崗岩の葺石で覆った。
撮影＝野中昭夫

平成の大古墳としてつくられた、
近つ飛鳥博物館。
撮影＝松岡満男

自然に抛る独自の文化的土壌のもと、
有事には驚くべき逞しさを
発揮する人々の心の強さ。
自然をも再生する雄大な構想力。
それは世界に誇れる
日本人の優れた個性だ。
日本人もまだまだ
捨てたものではない——。

## 新しい日本の力——淡路夢舞台の再生

現在、情報技術と交通手段の進歩で、世界のグローバル化は一層進みつつある。

従来の民族・国家の枠組みが弱まる中で、問われているのは、民族の個性、アイデンティティーなのだが、日本はそれらの充分なアピールが出来ないまま、頼りの経済力にも翳りが見え始め、ひどく元気を失っているように見える。いかにして〝経済大国〟以外の、新しい時代に相応しい、新しい日本の顔をつくれるか。

そこで意味を持ってくるのが、文化の力——つまり、自然に根差した繊細で、ときに大胆な日本的感性である。国土も狭く、資源も持たない日本が頼れるのは、この文化力しかないだろう。

問題は、その日本的感性が、今日の日本社会から、失われつつあることだ。

第二次大戦後からの半世紀余りの時間の中で、豊かな暮らしを求め必死で働いた日本人は、物質的、経済的な豊かさは確かに手に入れたが、代わりに自然への敬意、モノの間の空白に意味を見出す〝間〟の美学や、秩序を尊ぶといった、受け継がれてきた日本の心を全て置き去りにしてしまった。それが、今日の日本と日本人の、アイデンティティーの弱さの根本的原因だと私は思う。

だが、日本人が本来の力を完全に忘れ去ってしまったかというとそうではない。今なお、そのスピリットは人々の心の奥底に生き続けている――その証を、私は阪神淡路大震災後の、神戸の街の復興のプロセスに見た。

地震直後、誰もが「もはや都市は息絶えた」とあきらめかけた。しかし、官民一致団結した兵庫県民の驚くべき頑張りは、インフラの復旧から住環境の再整備まで、膨大な時間とエネルギーを要するはずの作業をわずか数年の内に成し遂げ、見事に都市を生き返らせた。その偉業は、海外でも「史上かつてない、驚くべき都市の再生」として、高い評価を受けている。はからずも復興の過程で発揮された日本人の協調性、忍耐力と創造力――この爆発的な民のエネルギーが、日本人の底力だ。

当時の兵庫県知事貝原俊民さんと、その強力なリーダーシップの元に団結する兵庫県民が、目標に掲げたのは、悲劇を礎としてよりよい都市の未来を構築する、〝創造的復興〟だった。その勇気とパワーは、震源の至近に位置する〈淡路夢舞台〉プロジェクトについても、敷地内に活断層があることが判明し、設計見直しが避けられない状況であったにもかかわらず、計画続行の英断を下した。2年間の調整期間を経て、〈淡路夢舞台〉は震災復興記念事業として再スタートを切った。

全長1キロメートル、広さ28ヘクタールに及ぶ広大な〈夢舞台〉の敷地は、かつて大阪湾埋め立てに供する土砂採掘地としてあった場所だった。
　山を丸ごと削り取られた跡に残されていたのは、赤茶けた岩盤がむき出しの、無残な土地の風景――。〈夢舞台〉は、この人間の営為により傷ついた大地の蘇生を主題として構想され、プロジェクトは、建物より先に、まず周囲の斜面地に50万本を超える10センチほどの苗木を植えることからスタートした。
　計画途中、自然回復を主題とする夢舞台の建築を人々に伝えようとするとき、私はしばしば神戸の六甲山のエピソードを取り上げた。六甲山もまた、江戸時代の乱伐により全くの禿山と化していたのを、明治以降の人工的な緑

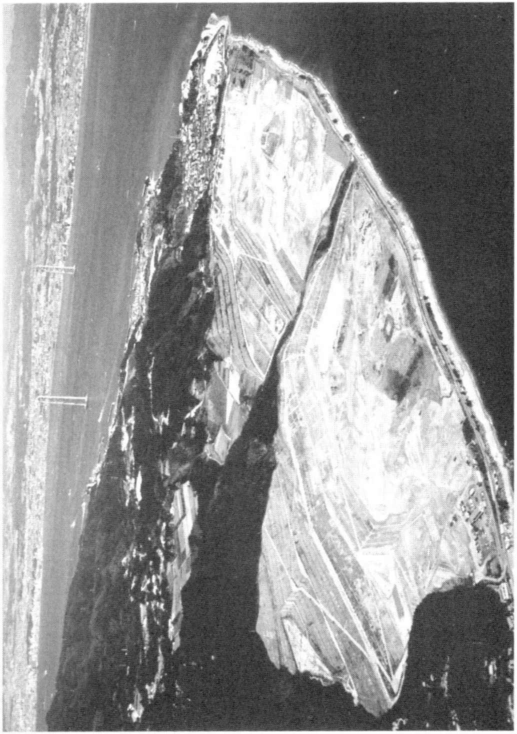

淡路夢舞台、建設前の敷地。
赤茶けた岩盤がむき出しだった。

化により、現在の緑豊かな姿に再生された歴史を持つ。明治の人々にこれだけのことが出来たのだから、現代の自分たちにも出来ないはずはない――。

そうして人間の手で回復された緑の斜面地に、埋め込むようにつくる建築の主題もまた、その存在を誇示するのではなく、自然の地形を受け止めて大らかに広がる回遊式庭園のように、いかに自然の魅力を際立たせられるかにおいた。

つくること自体を目的とした、巷の再開発事業とは、その出発点から全く異なる視座を、震災復興プロジェクト〈淡路夢舞台〉は持っていたのである。

2008年現時点で、夢舞台の施設のオープンから8年が経つ。10センチの苗木は、いまや5メートル以上の高木の繁る森となり、完成当初は建築のテーマパーク然としていた施設も良い具合に自然に溶け込んできた。森が場所全体を包み込むまで、あと10年はかからないだろう。

自然に拠る独自の文化的土壌のもと、有事には驚くべき逞しさを発揮する人々の心の強さ。自然をも再生する雄大な構想力。それは世界に誇れる日本人の優れた個性だ。日本人もまだまだ捨てたものではない――今、懸命に取り組んでいる、東京湾のゴミの埋立地約88ヘクタールの再生計画〈海の森〉運動には、そんな日本人のスピリットを世界に発信するメッセージの意味も込められている。

日本と日本人の未来に、私は期待したい。

広大な敷地に緑が復活し始めた(淡路夢舞台)。
撮影=松岡満男

# 終章
# 光と影

撮影＝荒木経惟

## 60年代を駆け抜けた表現者

１９６０年代末、世界各国で既成の体制、文化に対する〝異議申し立て〟の気運が高まった時、平和な日本にも、かつてない創造的エネルギーが爆発した。その文化的抵抗の最たるものは前衛芸術の分野で展開された。現代美術においては関西の具体美術協会が、そしてアングラ演劇においては唐十郎率いる状況劇場や、寺山修司らの天井桟敷が、圧倒的な存在感を示していた。

彼らは物質主義に偏る社会を風刺し、「もっと自由に、もっと生の感覚を」と文字通り身体を張って訴え、硬直した旧来の芸術観念からの離脱を図ろうとしていた。

とりわけ衝撃的だったのが、機動隊に囲まれながらも最後まで紅テントでのゲリラ的上演を続けた、唐十郎の「新宿西口公園事件」である。社会に抗って個を貫いて生きようともがく彼らの姿に、同世代の若者同様、私も大いに共感を覚え、そこに自身の進むべき道を見つけた。

それから20年余りが過ぎ、建築の道へと進んだ私に、60年代を駆け抜けた表現者と交わり、さらには仕事を共にできる幸運が訪れた。１９８８年春、東京・浅草に幻のように出現した唐十郎の移動劇場〈下町唐座〉のプロジェクトである。

〈下町唐座〉、その誕生のきっかけは、1985年の夏、当時、佐賀町エキジビットスペースというギャラリーを主催していた小池一子さんから、「下町にこだわり続ける唐さんと、東京下町の代表である台東区で、何か面白いことを出来ないか」と相談を受けたことだった。私たちは、経済至上主義で平均化していく一方の都市にあって、そこにとどまり抗い続ける紅テントの状況劇場がいかに重要な存在であるかを語り合った。そして「下町復興というなら、唐十郎のための芝居小屋以上に相応しいものはない」と意気投合し、プロジェクトがスタートした。

まずはつくる場所を探そうというので、私の方からいくつかの案を挙げた。

下町唐座。唐十郎の移動劇場。
撮影＝白鳥美雄

第一案は、上野の不忍池の水上につくるというもの。これは、台東区だけでなく東京都も絡んでくるというので却下された。

第二案は、浅草寺の境内。開演当日は町中の電気を消して、松明だけのアプローチをつくろうなどと提案したのだが、これも寺側の同意が得られない。

第三案では、隅田川の水上に浮かぶイカダの上の劇場を提案したのだが、やはりこれも河川法などの法的な問題で断念。

紆余曲折した挙句、ようやく隅田川沿いの空き地に落ち着いた。だが、敷地は決まったものの、肝心の予算の目処がたたない。結局、夏から始まったプロジェクトは、同じ年の秋に、一旦終結せざるを得なかった。

それでも関係者の心には、唐十郎の新しい劇場をつくるという夢が、既に抑えがたいほどに膨らんでしまっていた。なかなかあきらめがつかないまま、スポンサー探しに奔走する日々が続いた。

すると1986年冬、セゾングループからの援助の話が持ち上がった。まずは翌年の仙台の博覧会の同グループパビリオンとしてつくり、会期終了後、それを解体、浅草に持ってきて劇場として再度組み立ててはどうかという。願ってもない提案を受け、再びプロジェクトは動き出すことになった。

私の頭には、唐十郎のための劇場という話を聞いた瞬間から、戦国時代の砦〝烏城〟のような非現代的で、非日常的な建築の佇まいと、そして、日本の伝統的な祝祭の美学にある、黒と赤を基調とした鮮烈な色彩感覚がイメージとして浮かんでいた。

当初の計画では、外壁を黒の下見板張りとし、赤いとんがり屋根を頂く、内径40メートル、高さ23メートル余りの十二角形平面の建物を、木の櫓構造でつくろうと考えた。鳥城に人々を誘い込む、アプローチには宙に浮かぶ太鼓橋を架ける。だが、東北から浅草への移築という前提条件が加わったことで、さらに〝解体、組み立てが容易に出来ること〟が重要なポイントになった。

そこであれこれ思い巡らしている内に、建物の骨組みを、すべて建設現場の足場を組む鉄パイプでまかなうというアイディアが浮かんだ。これならば、規格品の組み合わせで出来るから、工期は１ヶ月もかからない。また足場のパイプならどこにでもあって、リースできるものだから、組み立ての方法さえ伝えれば、理論上は、世界中どこでも再現可能だ。

こうした計画上の利点もさることながら、何より工事足場用の鉄パイプという、汎用の工業部材の感性が、唐十郎という個性に似つかわしいように感じた。都市にゲリラ的に出現する〈下町唐座〉は、ごくありふれたモノを材料として生まれる、しかし、どこにもない建築でなければならなかったからだ。

工事足場用のパイプ（下町唐座）。
撮影＝白鳥美雄

1988年4月8日、こけら落としの演目は「さすらいのジェニー」だった。

実は、開幕の数日前、唐十郎と私の間には、劇場の内装を巡って、ちょっとしたいさかいがあった。唐十郎は、私の考えていたパイプの架構むきだしの天井を、音響対策のためといって、黒幕で覆い隠そうとした。それに私は「空間が台無しになる」と反対し、その態度にカチンときた唐も「そもそも屋根の赤が、紅テントの色と違うじゃないか」などと切り返してきた。互いに思い入れの強かった分、本気でぶつかり合ってしまい、わだかまりを抱えたまま迎えた開幕だった。

午後7時過ぎ、舞台に最初のスポットが落ちた。前夜には時ならぬ4月の雪が降った東京は、この日も気温が低かった。簡素なつくりの客席は足下から直に冷気が伝わってきて、震えがくるほどの寒さだった。

だが、その寒さの中、唐十郎率いる一座は舞台に特設した池や水槽の中をのた打ち回る気迫の演技を見せた。役者の身体から立ち昇る湯気、ほとばしる言葉。そこには60年代から変わらず前衛をひた走る、唐十郎の凄まじい情念の炎が燃えたぎっていた。

舞台は壮観なラストシーンで幕を閉じ、観客はカーテンコールに登場した役者達に惜しみない拍手を送った。すると客席の後ろの方に座っていた私に向かって、舞台の袖から唐十郎が駆け上がってきた。幾多の障害を共に乗り越え、夢を実現させた友人との、忘れがたい感動の一瞬だった。

下町唐座。いよいよ公演の日。
撮影＝白鳥美雄

## 夢の前に立ちふさがる、厳しい現実

1ヶ月に及んだ隅田河岸の公演は、満員盛況の内に終わった。プロジェクトは一応、成功を収めたと言って良かった。

だが、移動劇場〈下町唐座〉が、その後どこかの都市に再び現れるという私たちの夢は、ついに叶うことはなかった。〈下町唐座〉は確かに〝神出鬼没の移動劇場〟のコンセプトでつくられたものだったが、建築である以上、当然その建設には、相応の建設費と工期、熟練のトビ職人を抱える建設会社の力が必要となる。それを継続していくには、浅草公演でのセゾングループのようなスポンサーの存在が欠かせない。

だが、バブル経済只中の80年代後半、より一層経済至上主義を強めていく日本社会には、採算の合わない、文化的挑戦を受け入れる勇気はなかった。結局〈下町唐座〉はもう一つの公演を夏に行った後に解体、相前後して唐十郎は状況劇場を解散し、唐組として新たなスタートを切ることになった。

建築とは表現芸術の一つである一方で、それをつくるのに多額な資金と多大な人間の動員を要する、極めて社会的な生産行為である。そこには経済と直接絡むがゆえの

下町唐座で迫真の演技が繰り広げられた。
撮影＝白鳥美雄

利害関係、表現の問題とは別次元のドロドロとした現実のしがらみがあり、個人の抱く夢などは、その圧倒的な力の前に簡単に押し潰されてしまう。その中で数々の障害を乗り越え、一時でも夢を実現できた〈下町唐座〉は幸運であったというべきだろう。

実際、私のこれまでの活動を振り返ると、現実のプロジェクトとは別に、実現の機会を得ないまま、頭の中で考え、夢の中でつくってきた建築の数々が思い出される。

そのほとんどは、施主や、社会、法規との安易な妥協を避けて、自分の思いを貫こうとしたものだ。その意味で、現実に建たなかったプロジェクトの方が、ときに実現したもの以上に、端的に、明快に自身の考えを表現できている部分は確かにある。

それで、２０００年に東京大学大学院で行った講義では、建築設計競技に挑戦して落選した案を中心に、この〝建たなかったプロジェクト〟を題材として、自分なりの考えを学生達に話した。

「……現実の社会で、本気で理想を追い求めようとすれば、必ず社会と衝突する。大抵、自分の思うようにはいかず、連戦連敗の日々を送ることになるだろう。それでも、挑戦し続けるのが、建築家という生き方だ。あきらめずに、精一杯走り続けていけば、いつかきっと光が見えてくる。その可能性を信じる心の強さ、忍耐力こそが、建築家に最も必要な資質だ……」

そして私は、講義の最後に、大阪の郊外につくった小さな教会の話をした。

光の教会。大阪府茨木市。
撮影＝新建築写真部

### 究極のローコストの建築──光の教会

ちょうど〈下町唐座〉が東北展での建設を行おうとしていた１９８７年初め、新聞社に勤める友人から、彼の通う教会の建替えの相談を受けた。

敷地は大阪府茨木市という旧大阪万博会場近くに位置する閑静な住宅地の一角。規模は延べ50坪程度。文字通り地域密着型のごくささやかな教会建築であるが、問題は予算だった。

折しも世間が後にバブル経済と呼ばれる好景気に沸き始めた時である。未曾有の建設ラッシュの中で、建築価格は急騰していた。だが、信者達の精一杯の浄財といっても彼の提示する金額は、余りに心許ないものだった。

「設計したとして、ほとんど利益も期待できない、こんな小さな仕事を引き受けてくれる工務店があるだろうか」

やる前から難しい仕事であることは分かりきっていたが、結局、私は、この教会の設計を引き受けた。

理由は一つ、たとえ十分な資金がなくとも、そこには教会の建設を本気で願うクライアント──信者たちの存在があったからだ。

水の教会。北海道トマム。

建築家にとって、単純な機能を超えた精神性の表現を期待される教会建築の設計は、自身の思想そのものが問われる、極めて重大な挑戦である。

この教会を設計していた当時、私は神戸で〈六甲の教会〉を一つ既につくっており、また北海道トマムでは〈水の教会〉の計画が進行中だった。共に大自然の景勝地の中で、比較的自由に建築を考えることが出来た仕事であり、その中で自分なりに思う〝神聖なる空間〟を追求した自負はあった。

しかし、二つの教会はいずれもホテル付属のいわゆる結婚式場としての機能が主の施設であり、本当の意味での宗教建築――人々が集まって、祈りを捧げる場所――ではなかった。

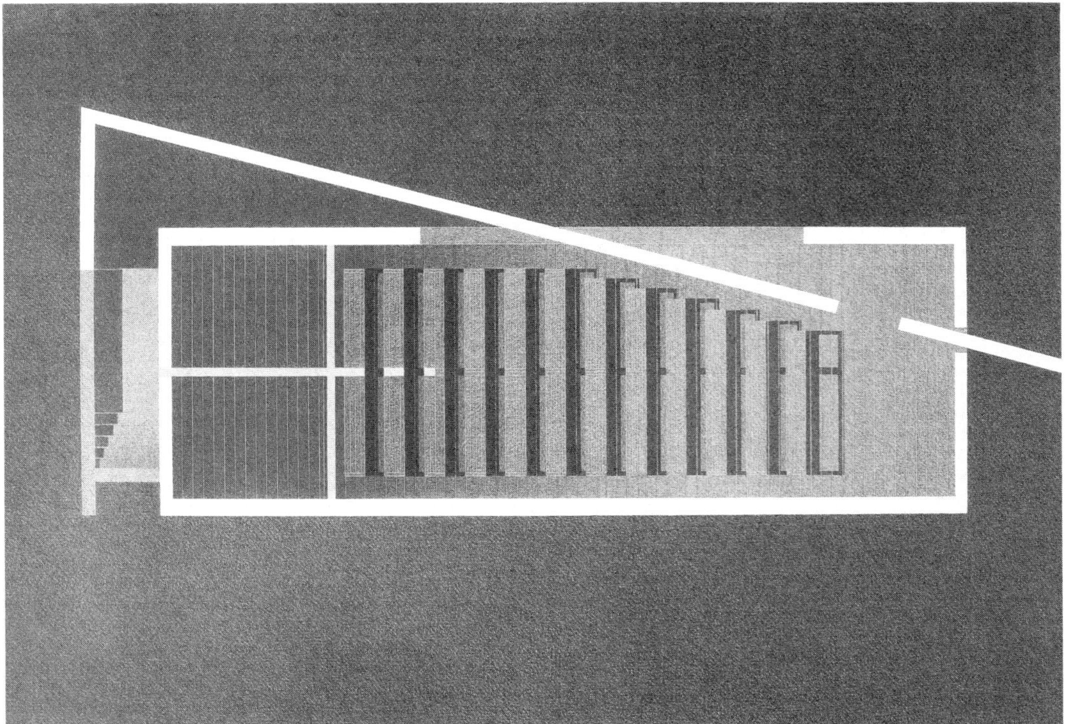

かつて、フランスでル・コルビュジエのロンシャン礼拝堂を訪れたとき、またフィンランドでヘイッキ&カイヤ・シレンのオタニエミ礼拝堂を訪れたとき、建築家の構想力が生んだ〝空間〟で、人々が心を一つにして祈る様に遭遇し、強く心動かされた。以来、私の中で、共同体の心の拠り所となりうる、教会建築をつくることが、一つの〝夢〟になっていた。その〝夢〟に挑戦する好機を、条件は厳しくても、信者の強い思いがある、小さな教会のプロジェクトに、私は見出していたのである。

話を聞いたときから、予算上、つくれるのは単純な箱型の建物しかないだろうと考えていた。その箱から、いかにして〝これしかない〟と思えるような神聖な建築空間を生み出すか——。約1年間の設計期間を経て、最後にたどり着いたのが、間口と高さが同じ6メートル、奥行き18メートルのコンクリートの箱に、1枚の壁を斜めに突き刺すように配置した構成である。内部の床は、後方から祭壇を置く正面に向かって階段状に下り勾配をつける。出入口等、主要な開口部は箱と壁の交差位置に集約し、室内に入る光は意図的に抑える。その薄暗闇に、正面壁に穿った十字型の窓から、光の十字架が浮かび上がるという設計だ。

冷暖房もない、壁、天井ともコンクリート打ち放しの堂内に置くものは、説教壇とベンチのみ。それも、安価で、荒々しい素材感の材料が良かろうと、工事現場の仮設

光の教会、ドローイング。

足場で用いられる杉の足場板を選んだ。

徹底してモノを切り詰める方向で考えていったのは、一つには、無論ローコストとせざるを得ない状況があったのだが、もう一つ、私には、もともと、究極まで削ぎ落とされた禁欲的生活に対する、無意識の憧憬のようなものがあった。

一つのイメージとして抱いていたのは、ヨーロッパ中世のロマネスクの修道院である。修道士たちが、それこそ命を削りながら、荒削りの石を積み上げて形づくった洞窟のような礼拝堂。その簡素極まりない空間に、ガラスもない開口部から、強い光がダイレクトに差し込み、床の石の表情を静かに照らす。

あの厳しくも美しい、人間の精神に訴える空間をコンクリートの箱でつくれないか――そんな思いから生まれた〈光の教会〉だった。

## モノづくりの誇りが完成させた建築

苦しい工事を引き受けてくれたのは、旧い知り合いの小さな工務店である。社長は、モノをつくることが好きで、金儲けの苦手な、私より三つ年上の男だった。

お金はない。が、だからこそ、それを乗り越え、豊かな心のある建築をつくりたい――無理な願いを聞いてくれる工務店は、この彼の所以外に、あてはなかった。

何とか施工を引き受けてもらい、工事が始まると、基本構成を決めるのに時間のかかった分、次々と新しいアイディアが浮かんできた。シンプルな構成ゆえ、出てくる要素は限られている。それを予算と時間の許す限り、もう一度徹底的に考え抜き、より良い選択を探していく。「工事が始まっても、設計はまだまだ終わりじゃない」と担当スタッフを叱咤した。

だが設計料もなし、工事も原価ギリギリで強引にスタートした工事は、案の定、建築には付きものの〝予期せぬトラブル〟で思わぬ出費がかさみ、紛れもない赤字物件となってしまった。

「今の金額では壁のコンクリートまでしかできないかもしれない」

現地での工務店とのミーティング（光の教会）。
安藤の左にいるのが工務店社長の一柳さん。

資金不足が、もはや先送り出来ないレベルの問題になったとき、私は、一つのアイディアを提案した。予算が足りないのなら、屋根を架けず、空に開かれた状態で、工事を終えようという提案だ。

教会とは、施設ではなく、信者が集まって祈るための場所だ。たとえ屋根がなく、雨の日は傘をさしての礼拝となっても、心を通じ合うには何の妨げにもならないだろう。数年後、お金が貯まったら、屋根を架ける。それまでは、屋根のない、青空の下の礼拝堂でもいいではないか——。だが、そんな設計者の思惑とは関係なく、結局、屋根は架けられ、建物は設計図どおりの形に出来上がっていった。

経済行為として成立しない建築をつくり果せたのは、クライアントである信者たちの真摯な思いと、それに応えるべく奮起した、工務店の情熱である。

建設という職業に誇りを持って生きてきた、工務店の社長には、たとえどんな状況に陥ろうとも、一旦引き受けた仕事を途中で放棄するというような選択肢はなかった。経済的見返りなど微塵も期待できない、苦しい状況にあってなお、彼らは手を止めることなく、鉄筋を編み、型枠を建て込み、誠心誠意を込めて、最高のコンクリートを打とうと必死で汗を流した。

工事開始からおよそ1年後の1989年5月、〈光の教会〉は完成した。

光に照らされ、床に十字架が浮かび上がる（光の教会）。
撮影＝松岡満男

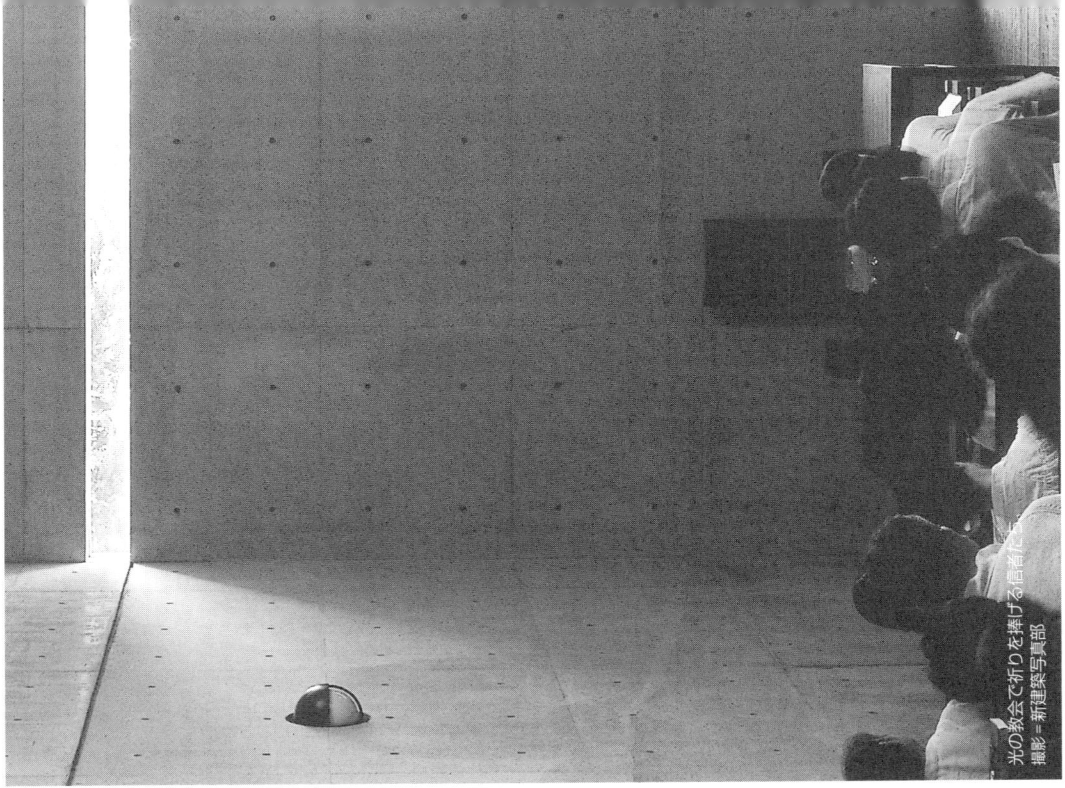

光の教会で祈りを捧げる信者たち
撮影＝新建築写真部

光と影

人間の〝思い〟は経済を超える力となる——光の教会は、事務所スタートから20年余りを経て、自身を取り巻く状況が大きく変わりつつあった当時の私に、「何のために、誰のためにつくるのか」という、最も大切な問いを、改めて心に刻んでくれた。

そして教会の完成から9年後の1998年の5月、その横に、日曜学校のための小ホールをつくる、新たな工事が始まった。規模、構成ともに、既存の礼拝堂のそれを踏襲したコンクリートの箱を、礼拝堂と〝対〟となるような形に配置する。単なる継ぎ足しの増築ではない、緊張感ある新旧の関係を主題に考え、私が設計した。

予算は相変わらず厳しかったが、今回の工事を請け負ったのは、光の教会をつくった工務店ではなかった。実は、光の教会の工事途中に重い病気が見つかっていた工務店の社長は建物をつくりあげた後、1年後に亡くなっていた。彼の死と同時に工務店は一旦看板を下ろし、志を継ぐ数名の社員の新しい会社として再スタートを切った。

思い出深い教会の増築であり、互いに気持ちはあったが、始まったばかりの会社に赤字物件を請負う余裕はなく——同じチームでの工事はあきらめざるを得なかった。

信者たちの思いとモノづくりの誇りが
光の教会を完成させた。
撮影＝新建築写真部

最初から思うようにいかないことばかり、
何か仕掛けても、
大抵は失敗に終わった。
それでも残りのわずかな可能性にかけて、
ひたすら影の中を歩き、一つ摑まえたら、
またその次を目指して歩き出し――。
そうして、小さな希望の光をつないで、
必死に生きてきた。

〈下町唐座〉と〈光の教会〉。それらのプロセスがそうであったように、建築の物語には必ず、光と影の二つの側面がある。人生も同じだ。明るい光の日々があれば、必ずその背後には苦しい影の日々がある。

独学で建築家になったという私の経歴を聞いて、華やかなサクセストーリーを期待する人がいるが、それは全くの誤解である。閉鎖的、保守的な日本の社会の中で、何の後ろ盾もなく、独り建築家を目指したのだから、順風満帆に事が運ぶわけはない。とにかく最初から思うようにいかないことばかり、何か仕掛けても、大抵は失敗に終わった。

それでも残りのわずかな可能性にかけて、ひたすら影の中を歩き、一つ摑まえたら、またその次を目指して歩き出し――そうして、小さな希望の光をつないで、必死に生きてきた人生だった。いつも逆境の中にいて、それをいかに乗り越えていくか、というところに活路を見出してきた。

だから、仮に私のキャリアの中に何かを見つけるとしても、それはすぐれた芸術的資質といったものではない。あるとすれば、それは、厳しい現実に直面しても、決してあきらめずに、強かに生き抜こうとする、生来のしぶとさなのだと思う。

人生に〝光〟を求めるのなら、まず目の前の苦しい現実という〝影〟をしっかり見据え、それを乗り越えるべく、勇気をもって進んでいくことだ。

情報化が進み、高度に管理された現代の社会状況の中で、人々は、「絶えず光の当たる場所にいなければならない」という強迫観念に縛られているように見える。

大人の身勝手のせいで、幼い頃から、物事の影の部分には目を瞑り、光ばかりを見るよう教えられてきた子供たちは、外の現実に触れ、影に入ったと感じた途端、すべてをあきらめ、投げ出してしまう。そんな心の弱い子供たちの悲惨な状況を伝えるニュースが、近頃はとみに目立つ。

何を人生の幸福と考えるか、考えは人それぞれでいいだろう。

私は、人間にとって本当の幸せは、光の下にいることではないと思う。その光を遠く見据えて、それに向かって懸命に走っている、無我夢中の時間の中にこそ、人生の充実があると思う。

光と影。それが、40年間建築の世界で生きてきて、その体験から学んだ私なりの人生観である。

光の教会にて。
撮影＝荒木経惟

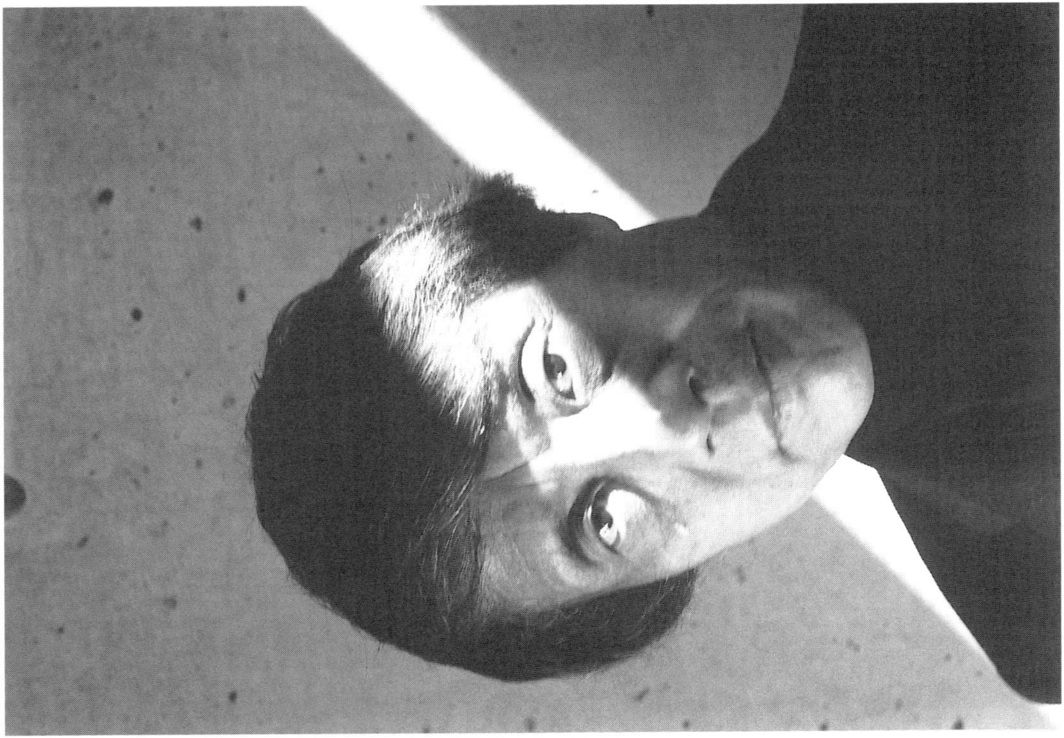



建築家 安藤忠雄

特記なき写真・図版は、
安藤忠雄建築研究所の提供によるものです。

［カバー・章扉撮影協力］
茨木春日丘教会、大阪府立近つ飛鳥博物館、
司馬遼太郎記念館、ベネッセアートサイト直島


建築家（けんちくか）　安藤忠雄（あんどうただお）

発行　2008年10月25日
22刷　2023年10月25日

著者　安藤忠雄（あんどうただお）

発行者　佐藤隆信

発行所　株式会社新潮社
〒162-8711 東京都新宿区矢来町71
編集部 03-3266-5611
読者係 03-3266-5111
http://www.shinchosha.co.jp

ブックデザイン　大野リサ+川島弘世

印刷所　大日本印刷株式会社

製本所　加藤製本株式会社





ISBN978-4-10-309051-9 C0095